JN074627

髙橋貴美子 著

編集者にもわかる

租税法律主義って？

中央経済社

はじめに

課税の現場では，税法の規定に照らして納得しがたい理由で処分されていることが，少なくありません。本書で取り上げる各事案も，税法の規定に照らして納得しがたい理由で課税処分がなされ，裁判所がそれを追認した事案です。

しかし，本来，税務というのは，「租税法律主義」が適用されるはずであり，税法の規定に従って判断されなければならないことは，当然です

それにもかかわらず，なぜ，このような事態に陥っているのでしょうか？

筆者は，**「通達主義・前例主義」**と**「個別税法が前提としている関係諸法令を考慮していない」**ことが主な原因であると考えています。

原因①　通達主義・前例主義

課税庁は，通達がある場合には通達によって判断することはもちろんのこと，通達がない場合であっても，税法上の規定に照らしてというよりは，過去の事案における対応や，感覚，個人的な価値判断によって判断していることが多いように思われます。

さらには，通達をあたかも法規のように遵守して，通達に書かれていることは何が何でも譲れないとの判断をすることも少なからずあるように思われます。

しかし，このような通達主義の態度については，最高裁判決（最高裁令和２年３月24日判決・判タ1478号21頁）において，原審である東京高裁が通達を文理に忠実に解釈すべきと判断したことに対しこれを否定し，補足意見において，通達に従った取扱いをすべきことが関連法令の解釈によって導かれるか否かが判断されなければならず，通達の文言をいかに文理解釈したとしても，その通達が法令の内容に合致しないとなれば，通達の文理解釈に従った取扱いであることを理由としてその取扱いを適法と認めることはできないとして，通達をあたかも法令であるかのような扱いに警鐘を鳴らしています。

また，税理士側も，このような課税庁の判断に引きずられて，同じような思考に陥っている可能性があります。以前，筆者が税務判例に関する研修をした際に，交際費該当性が争点となったオートオークション事件（東京高裁平成5年6月28日判決）を素材として，交際費該当性の判断基準を説明した上で，当該事件の事実関係をこの判断基準に当てはめると，交際費には該当しないことになる，という説明をしました（この裁判例につき，詳細をお知りになりたい方は，拙著『税務判例に強くなる本』（中央経済社・2016年）79頁以降をご参照ください）。

これに対して，ある受講者の方から，「この事案だと，『通常』交際費になると思いますが」とのコメントがあって，「今日，これまで説明してきたことは，一体何だったんだ…」とがっくりきましたが，この「通常」という考え方自体，過去の事案との比較で判断していることの現れだと思います（図表１，図表２）。

【図表１】 過去の事案と照らし合わせて判断

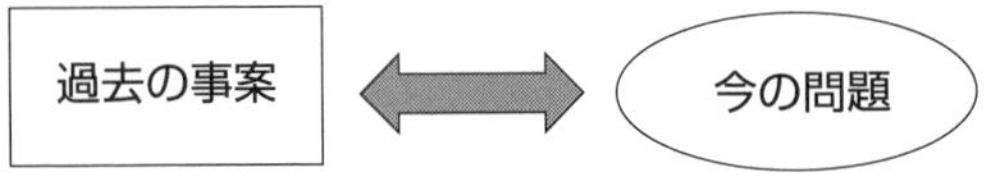

【図表２】 条文の規定に照らして判断

原因② 個別税法が前提としている関係諸法令を考慮していない

税法の規定については，他法令等の規定にリンクする旨の規定や，いちいち条文では言及されていないものの，当該リンクが暗黙の前提として作られているものがあります。

例えば，法人税法22条４項は公正な会計基準へリンクしますし，また，法人税法24条の役員給与の規定は，会社法における役員報酬決議の枠組みを暗黙の前提としています。さらに，国税通則法の各規定は，個別税法において共通する事項を抽出して規定したものですから，個別税法の解釈に当たっては，国税通則法との整合性も考慮して判断する必要があります。

したがって，関係法令とのリンク等を理解した上で，適用される税法の規定の解釈をする必要があります。しかし，過去の裁判例を分析すると，実際には，関連する法令を無視して判断されているものが少なくありません。

以上のように，課税の現場では，税法の規定とは異なった**「次元」**（例えば，前例，通達，調査官の個人的価値判断）で判断されていることが少なくありません。

このような違法又は不当な処分については，制度上，税務訴訟等が用意されていますが，裁判官は，我々には開示されていない諸々の理由で（人事評価に影響する？）国を負けさせることは回避したいと考えている節があり，課税庁の行ったおかしな課税処分を維持するがために，結果として一貫性のない（予測可能性を害する）判決が積み上がっています（例えば，法人税法24条４項の公正処理基準の問題である過年度損益修正の方法があげられます。当該争点については，本書第３章で検討します）。

したがって，納税者側としては，税務訴訟等による救済をあてにせず，課税の現場で，税法条文の操作及び解釈によって主張を展開するスキルを身に付ける必要があります。

また，近い将来（若しくは既に），記帳代行や比較的簡易な確定申告等，単純な仕事はAI 等によって代替されることが強く想定されます。したがって，税理士の事務所戦略としても，本来税理士に求められていた税法の解釈適用を得意としていく必要があると考えます。

以上より，筆者は，税理士をはじめ，税務に従事されている方に，条文操作や条文解釈をマスターすることを強くお勧めします。

そこで，本書では，第１章において，法的な判断の枠組み，条文解釈の概要及びルール等について解説します。

そして，そこでの知識を踏まえ，第２章から第５章では，実際の裁判例（いずれも納税者敗訴の事案ですが，判断が不当と考えられるもの）を素材として，条文解釈ルールに従って本来あるべき解釈を展開し，併せて，裁判所の判断の問題点（不当なロジックやゴマカシ等）を指摘します。

本書において，実際の事案に際し，根拠となる条文を特定して，その条文を読み解き，必要な場合には条文解釈をするという法的アプローチをご一緒していただければ，税務上の問題も，このような法的アプローチで十分に解決できることを実感していただけると思います。

なお，本書の執筆に当たっては，諸般の事情で何度も立ち止まったり，構成を変更するなど，当初想定していたよりも２年以上も遅れましたが，そんな中，中央経済社の秋山宗一氏には辛抱強く待っていただき，感謝申し上げます。

前著の『税務頭（ぜいむあたま）を鍛える本』では，少なからずご好評を得ましたものの，内容が難しいとのご指摘もありましたので，本書では，中央経済社の編集者（上記秋山氏の後輩）にご参加いただき，筆者の説明がわかりにくいところについては，適宜，突っ込みを入れてもらい，それに筆者が答えることで説明を補うスタイルにしました。楽しんで学んでいただけると，幸いです！

では，早速，始めましょう！

2023年４月14日

髙橋　貴美子

目　次

第５章　措置法37条の３第１項の「買換資産」や「適用を受けた者」の意味は？

【注】　次のとおり，法令名を略した部分があります。

措置法：租税特別措置法

第 1 章

法的な判断の枠組み
及び条文解釈の概要

1　税務の問題も法的な判断構造に沿って解決すべし

個人的な話になるのですが，私も，過去に税理士業務に従事していた時期がありました。その時には，法的な知見はなかったので，通達や解説本を読んだり，所轄の税務署や国税局の相談室に電話したりして判断していました。ただ，解説書は通達の説明に終始していたり，相談室の回答も「よくわかりません。」だったり，また，対応する担当者によって言うことが違ったりしていて，結局は，自分で考えるしかないと思うに至りました。それが司法試験を受けるきっかけなんですけどね。

編集者　自分で考えなきゃいけないっていうのは，そのとおりだと思います。でも，何をとっかかりとして，どのようにして考えればいいのかがよくわかりませんね。何か考え方のアプローチのようなものがあればいいのですが。

はい。本来，税法も民法や会社法等と同じように，法律の解釈適用という法的な作業を行っているのですが，計算的な作業が多いので，その点があまり意識されていないのだと思います。

そこで，まずは，既に確立されている法的枠組みに従って考えることからスタートしましょう。

法的判断枠組みというのは，実際の事案の事実関係を，法令の規定に定める要件と比べて，適用させるか否かを判断する枠組みということになります（図表１－１）。

【図表１－１】 法的判断枠組み

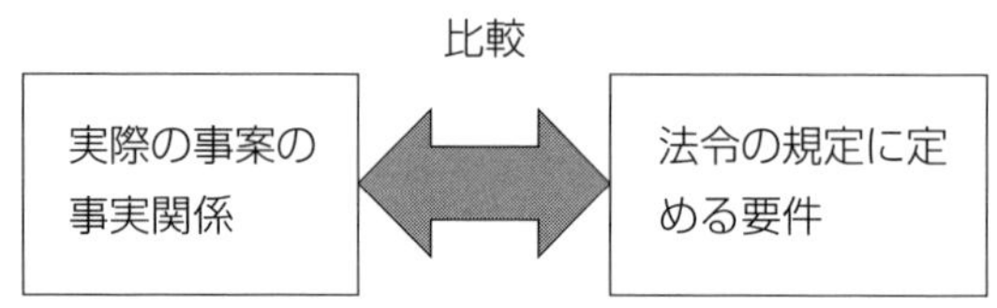

これを具体的作業に展開すると，①適用されるべき条文を確定すること，②その条文の規定が明確でない場合には，条文解釈をすること，なお，判決では，条文解釈により，判断基準として定立されることが多いですね。③事実関係と解釈された判断基準等を比較して当てはめること，④事実関係に当事者間で争いがある場合には，事実認定をすること，という４つのステップに分かれます（図表１－２）。

各ステップでどのような作業をするのかということを，具体的にイメージしてもらうために，いわゆるヤフー事件（東京地裁平成26年３月18日判決・裁判所ウェブサイト，東京高裁平成26年11月５日判決・裁判所ウェブサイト，最高裁平成28年２月29日判決・裁判所ウェブサイト）を例に説明します。

ヤフー事件は，形式的には法人税法57条２項を満たすとして被合併会社であるIDCSの未処理欠損金額をヤフーの欠損金額とみなして確定申告をしたことに対し，課税庁が，当該行為計算は，法人税法132条の２に該当するとして否認した事案です。

まず，①適用されるべき条文の確定ですが，税法の場合，**「租税法律主義」**なので，絶対に課税の根拠となる条文はあるはずです。なければ，課税できません。ヤフー事件の場合には，先の説明どおり，法人税法132条の２が根拠条

【図表1－2】 法的判断枠組みの各ステップ

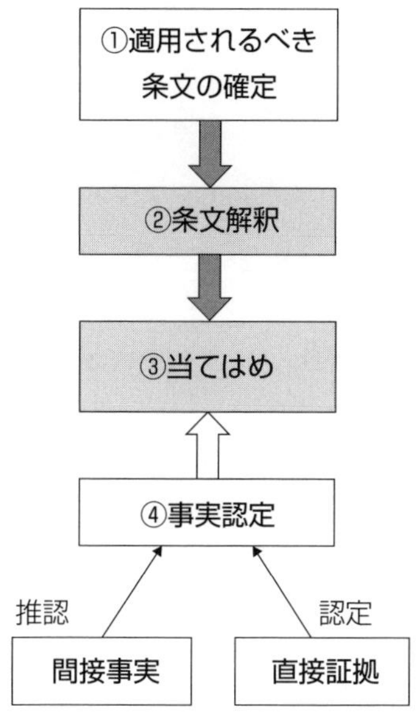

文になります。

編集者　確か，ヤフー事件は，法人税法132条の２の制定後，最初に同条が適用された事案でしたよね。

はい，そのとおりです。したがって，法人税法132条の２の課税要件が，司法上，初めて解釈されることになりました。

次に，②条文解釈のステップです。法人税法132条の２の規定が抽象的であり，また，同条は，法人税法132条の枝番であることに照らして同条の文言解釈と整合性を保つべき等の納税者側からの主張もあり，課税要件である「法人税の負担を不当に減少させる結果となると認められるもの」及び「その法人の行為又は計算」の文言の解釈が争点となりました。例えば，「法人税の負担を不当に減少させる結果となると認められるもの」，以下，「不当性要件」と言いますが，これにつき，最高裁では，「法人の行為又は計算が組織再編税制に係る各規定を租税回避の手段として濫用することにより法人税の負担を減少させるものであること」と解釈しています。本書では，この条文解釈の是非について，検討はしませんが，文理解釈というよりは，趣旨目的による目的論的解釈がなされています。そもそも，包括否認規定という性質上，非常に抽象的で包括的な規定となっているため，文理解釈によって導出することが難しいということだと思います。

編集者　最高裁の解釈自体，まだ，抽象的でわかりにくいですね。

そうなのです。ある程度抽象的にしておかないと，他の多くの事案に対応できなくなるので，抽象的な表現が残るのはやむを得ないところはあります。ただ，一応，最高裁では，この解釈に該当するか否かの判断要素も挙げていて，少し具体的な内容にはなっています。

②の条文解釈がなされたので，次は，③の当てはめですが，事実関係に争いがある場合には，④の事実認定をする必要があります。ヤフー事件では，ヤフーの社長が被合併会社の副社長に就任した目的が争点となりましたが，これも事実認定の一つです。目的というのは，本来，主観的なものですが，通常，主観的な事実も客観的な証拠等によって認定・推認されます。

編集者　ということは，納税会社が，「これが目的です。」と主張しても，それだけでは認められないということですか。

はい，そうです。一般に，人の供述は，誤りや嘘の可能性がありますので，単に，本人が主張をしているということだけで事実認定されることはありません。事実認定というのはナカナカ難しいので，これだけで相当のボリュームになりますから本書では割愛し，別の機会に取り上げることにしたいと思います。

いろいろな証拠等により事実が認定されると，その認定された事実を解釈された内容に当てはめる作業をすることになります。ヤフー事件では，例えば，ヤフー社長の副社長就任は，事業上の必要性がないとの認定により，副社長就任目的はもっぱら法人税の負担を減少させるためであると評価した上で，具体的な判断要素に該当し，最終的に不当性要件に該当すると判断しました。

編集者　当てはめもナカナカ難しそうですね。必ずしも該当する・しないがはっきり決まるという感じではなさそうです。

はい，そのとおりです。当てはめという作業は，単純に事実を解釈に当てはめればできるというものは少なく，最終的な結論，つまり，解釈された要件に「該当する・しない」という結論を決めた上で，認定された事実を「評価」して当てはめるということをします。この評価は，本来，「経験則」に従ってなされるべきではありますが，判断者の価値判断によるところが少なくないと思います。

編集者　価値判断ですか。そうすると，判断者によって変わり得るということですよね。

はい，そのとおりです。なので，事実認定や当てはめは，どこまでいっても主観的な操作の余地が残ることになります。

2　条文解釈をするために知っておくべきこと

一方，条文解釈の方は，本来的には，条文解釈ルールに従って適切に行えば，より客観的な判断が可能なフィールドです。

そこで，本書では，税務訴訟で納税者が敗訴した事案であっても，条文解釈ルールに従った条文解釈を行えば勝訴できたはずのものが少なくないことに着目し，実際の裁判例を素材として，条文解釈の方法に慣れてもらうことを目的としています。具体的な条文解釈のやり方については，第２章から第５章までの実際の裁判例を基に解説していきますが，それに先立ち，条文解釈をするための基礎知識を説明したいと思います。

まずは，「なぜ，条文解釈が必要なのか」という点についてですが，一般に，法律の文言は，ある程度長期にわたって多くの事案に当てはめる必要があるので，どうしても抽象的な文言で表現されることになります。したがって，このままでは，具体的な事案に当てはめることが難しい場合があるので，「条文解釈」という作業をして，もっと具体的な内容にする必要があるというわけです。

編集者　つまり，抽象的な内容から，具体的な内容への「翻訳」というわけですね。

そうです！　うまいこと言いますね（図表１－３）。

【図表１－３】　条文解釈とは「翻訳」

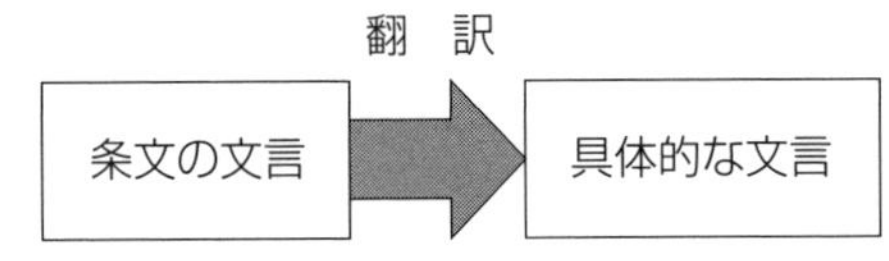

⑴　法令用語の用法を知ろう

立案担当者が法令を法文化する際には，「出来上がった条文が正確に内容を表現しているかどうか」という点に留意しています[1]。条文上で使用される言葉や表現を通して，「法」の内容が認識される以上，当然のことです。このような表現の正確性を担保するための技術として，その意味や用法が明確にされている「法令用語」を，その用法に従って正しく記述するということがあげられます。

そこで，ここでは，税法上も頻出の法令用語である**「当該」**，**「かかわらず」**

1　田島信威編『「法令の仕組みと作り方」（立法技術入門講座<第２巻>）』（ぎょうせい・1988年）73頁

について，説明したいと思います。この2つを知っているだけでも，大分，条文読解の助けになりますよ。

①　「当該」

「当該」という法令用語は，前に出てきた字句を重複して規定することを避けるために用いられますが，基本的に「その」と同じ意味を有します。ただ「当該」の場合には，長い形容詞句の修飾によって限定された内容を受けている場合もありますので（**図表1－4**），「当該」が受けている形容詞句を正確に把握する必要があります。

【図表1－4】「当該」が受けているもの

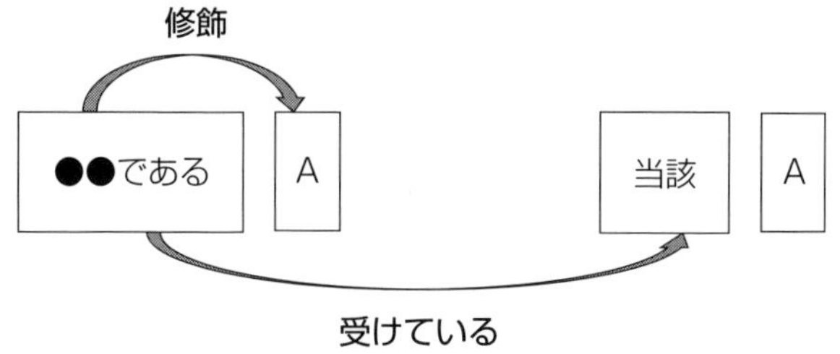

税法の条文を見ればわかるように，「当該」という用語は頻出です。試しに，法人税法17条の2（法人課税信託の受託者である個人の納税地）の規定を見てみましょう。

「**第17条の2**　法人課税信託の受託者である個人の**当該法人課税信託**（①）に係る法人税の納税地は，**当該個人**（②）が所得税法（昭和40年法律第33号）第15条各号（納税地）に掲げる場合のいずれに該当するかに応じ**当該各号**（③）に定める場所（**当該個人**（④）が同法第16条第1項又は第2項（納税地の特例）の規定の適用を受けている場合にあつてはこれらの規定により所得税の納税地とされている場所とし，**当該個人**（⑤）が同法第18条第１項（納税地の指定）の規定により所得税の納税地が指定されている場合にあつてはその指定された場所とする。）とする。」

編集者　この規定だけで，「当該」は，５回も使用されていますね。

多いでしょ。便宜的に，各「当該」に番号を付けましたので，それぞれ何を指しているのか，確認しましょう。

まず，①の「当該法人課税信託」は，その直前に「法人課税信託」とありますので，これを指していることは，簡単にわかりますね。

次に，②の「当該個人」ですが，この直前に「法人課税信託の受託者である個人」が出てきており，これは，「法人課税信託の受託者である」という形容詞句が「個人」を修飾している構造になっていることがわかります。したがって，②の「当該」は，「法人課税信託の受託者である」という形容詞句を受けていることになりますので，「当該個人」というのは，「法人課税信託の受託者である個人」という意味になります（図表１－５）。

③の「当該各号」は，直前の「所得税法（昭和44年法律第33号）第15条各号」を意味します。これも簡単ですね。

【図表１－５】　上記②の「当該」が意味するもの

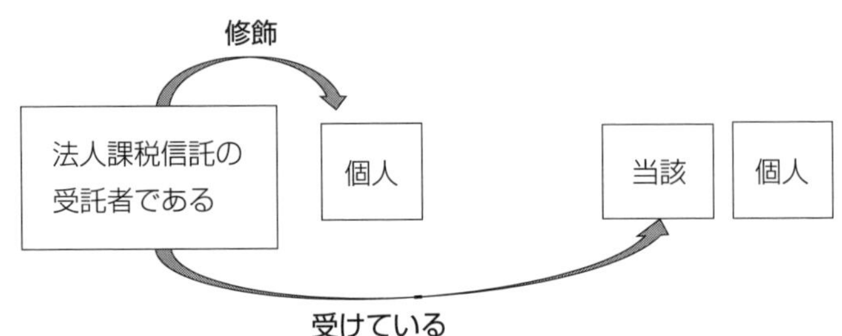

最後に，④の「当該個人」は，その前に②の「当該個人」しかないので，②と同じ意味になります。⑤の「当該個人」も直前に，④の「当該個人」しかないので，④と同じ意味になり，結局，②と同じ意味になります。ちょっと，パズルみたいですね。

編集者　なるほど。「当該」が出てくる前の文章に着目して，一つ一つ丁寧に見ていけば，わかりますね。

はい。それほど難しくはないと思います。

② 「かかわらず」

次に，「かかわらず」という法令用語です。

この「かかわらず」という用語は，「●●の規定にかかわらず」という形でよく使用されますが，「●●の規定を適用しないで」という意味で用いられます。つまり，原則である●●という規定に対して，「かかわらず」の後にくる主文の規定が例外をなしていることを示しています（図表1－6）[2]。

【図表1－6】「●●の規定にかかわらず」と●●の規定との関係

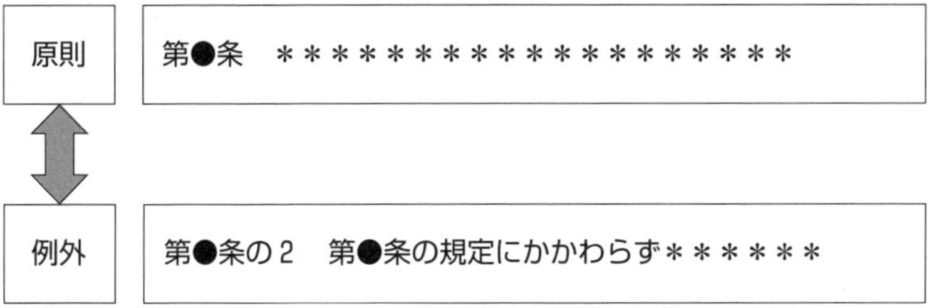

原則	第●条　＊＊＊＊＊＊＊＊＊＊＊＊＊＊＊＊＊＊＊＊＊
⇕	
例外	第●条の2　第●条の規定にかかわらず＊＊＊＊＊＊

2　泉美之松『これでわかる税法条文の読み方―条文解釈の手引き―』（東京教育情報センター・1992年）148頁

用法の説明だけではわかりにくいかもしれないので，法人税法18条（納税地の指定）を例として確認しましょう。

「**（納税地の指定）**

第18条　前３条の規定による納税地が法人（法人課税信託の受託者である個人を含む。以下この章において同じ。）の事業又は資産の状況からみて法人税の納税地として不適当であると認められる場合には，その納税地の所轄国税局長（政令で定める場合には，国税庁長官。以下この条において同じ。）は，**これらの規定にかかわらず**，その法人税の納税地を指定することができる。」

法人の納税地については，法人税法16条で内国法人の納税地が，17条で外国法人の納税地が，17条の２で法人課税信託の受託者である個人の納税地がそれぞれ規定されています。したがって，法人の納税地は，原則として，既に法人税法16条ないし17条の２に基づいて決まります。

一方，18条は，「これらの規定にかかわらず」と規定しているので，「これらの規定」の例外規定であることがわかります。そして，「これらの規定」が何であるかというと，「規定」という文言が出てくるのは，「前３条の規定」ですから，「これらの規定」は「前３条の規定」ということになります。

編集者　「これらの規定」の読み方は，「当該」と同じように考えればいいということですね。

はい，そうです。以上から，18条の規定は，本来「前３条の規定」を原則として適用するところ，一定の場合には，これらの規定を適用しないで18条を適用するということを意味しています（図表１－７）。

【図表１－７】 法人税法18条の規定と「前３条の規定」との関係

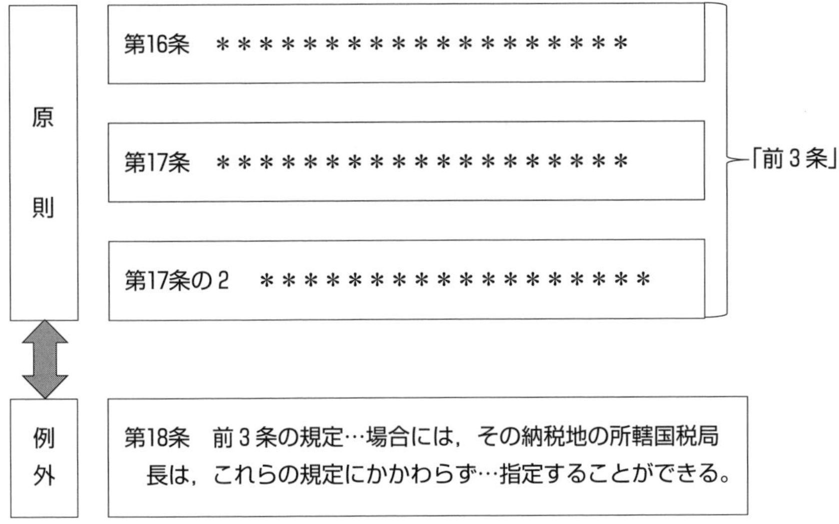

編集者　なるほど。法令用語の使用方法に従って一つ一つ丁寧に見ていけば，条文の読解もできそうですね。

はい，もちろんできます！　ここで紹介した法令用語は，第２章以降で使用するのであえて説明しましたが，これ以外の用語に遭遇したときも，その都度，法令用語辞典等で意味を調べてみてください。

次は，条文解釈のやり方と言いうか，条文解釈のルールについてを説明したいと思います。

(2)　条文解釈のやり方を知ろう

①　まずは「文理解釈」と「目的論的解釈」の違いを知る

条文解釈には，**「文理解釈」**と**「目的論的解釈」**（拡大解釈，縮小解釈，反対解釈，類推解釈）というのがあることはご存知かと思いますが，「文理解釈」というのは，法令の規定を，その規定の文字や文章の意味するところに即して解釈をすることを意味します。一方,「目的論的解釈」とは,法令の文字,用語のみにとらわれることなく,法令の趣旨目的等に重きを置いて,結果の妥当性をみつつなされるような解釈を言います。

以下,具体例に沿って,説明します。

私が,研修の講師をする際によく使う例なのですが,民法754条(夫婦間の契約の取消権)についての条文解釈です。

「**第754条**　夫婦間でした契約は,婚姻中,いつでも,夫婦の一方からこれを取り消すことができる。ただし,第三者の権利を害することはできない。」

ここで問題です。夫婦関係が破綻しているような場合,この民法754条によって既に締結した契約,例えば,妻の誕生日にダイヤの指輪を買うというような契約を,夫が取り消すことができるでしょうか?

編集者　う〜ん。破綻していても夫婦であることには変わりないので,取り消せるような気がしますけど。

はい,それも一つの考え方です。民法754条の規定中の**「婚姻中」**という文言をどう解釈するかの問題として考えてみましょう。

まず,「婚姻」という言葉の意味を明らかにする必要があります。民法上,「婚姻」について定義されたものはないので,国語辞典等で調べることになりますが,「婚姻」という用語は法律用語なので,法律用語辞典で調べると,「男女が結婚すること,及び結婚している状態をいう」と説明されています。

編集者　法令用語ということですが,一般的に使われる「婚姻」とあまり変わらないですね。

この場合はそうですね。この「婚姻」を文言の意味どおり解すれば，結婚している状態を意味するので，たとえ，夫婦関係が破綻していたとしても，正式に離婚していない以上，「婚姻中」に該当するということになります（**図表１－８**）。つまり，取り消せることになります。これが，「婚姻中」という文言を「文理解釈」した場合の結論となります。

編集者　なるほど。確かに，そうなりますね。

ただ，民法上，契約というのは，詐欺等の一定の事由がなければ取り消すことができないのが原則です。民法754条は，いつでも取り消せる規定なので民法の原則に対する大きな例外規定ということになります。そこで，このような例外規定が設けられている趣旨が問題になりますが，これは，夫婦間の契約の履行は，当事者間の道義に委ね，法律によって強制すべきではないという考え方に基づいています。つまり，「法は家庭に入らず」というやつですね。このように趣旨を重視した場合，「婚姻中」という文言はどう解釈されるべきだと思いますか？

編集者　道義に委ねるということは，道義がワークする関係にあるということですよね。だとすると，離婚はしていないものの他人のような関係の場合は，趣旨が当てはまらない気がします。

そのとおりです！　趣旨を重視すれば，破綻しているような夫婦は，実質的には他人と同じで，道義によって解決することは困難なので，法による強制が必要であるということになります。とすると，「婚姻」は，形式的な意味だけでなく，実質的な意味での婚姻状態にもあること，と解釈されることになります。つまり，本来の「婚姻中」の意味よりも縮小して解釈することになります（**図表１－８**）。

編集者　なるほど。文理解釈であれば取り消せるけれど，趣旨によって縮小解釈した場合には，取り消せないということになるのですね。真逆の結論です。

はい。民法のように結論の妥当性というものが重視される法律では，目的論的解釈によって解釈される傾向にあります。一方，刑法のように厳格に解すべき法律は，文理解釈によるべきということになっていますが，実際には，厳格さが緩められていることも少なくないですね。

【図表１－８】「婚姻中」の文理解釈と縮小解釈

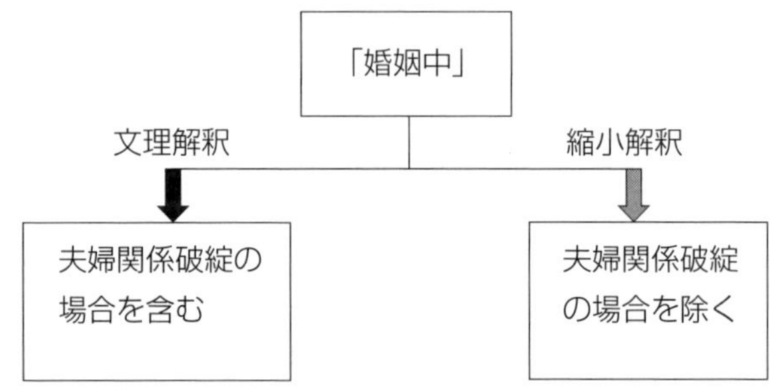

編集者　この問題の場合，結局，どちらの解釈が正しいのでしょうか？

条文解釈という意味では，どちらも正しいです。ただ，この「婚姻中」の解釈については，最高裁昭和42年２月２日判決（判時477号11頁）で，趣旨による縮小解釈がなされていますので，司法上は，縮小解釈が正しいということになります。

参考までに，その最高裁の判示部分を引用しておきます。古い最高裁判決にありがちですが，解釈の導出過程はなく結論しか示されていません。

「民法754条にいう『婚姻中』とは，単に形式的に婚姻が継続していることではなく，形式的にも，実質的にもそれが継続していることをいうものと解すべきであるから，婚姻が実質的に破綻している場合には，それが形式的に継続しているとしても，同条の規定により，夫婦間の契約を取り消すことは許されないものと解するのが相当である。」

②　税法の場合は原則として「文理解釈」

先に説明したように，民法の場合は，結果の妥当性を重視することが多いので，「厳格な文理解釈によるべし」というルールにはなっていません。しかし，税法の場合は違います。「文理解釈」が原則です。

編集者　なぜ，税法の場合は，文理解釈が原則なのですか？

それは，租税法規というのは納税者の財産権に対する侵害法規なので，予測可能性や法的安定性の要請が強く働くからです。わかりやすく言うと，場当たり的に，課税要件を拡張解釈したり，課税軽減規定を縮小解釈したりされると，納税者の予測に反して課税される結果となってしまうからです。

いわゆるホステス報酬源泉徴収事件の最高裁判決（最高裁平成22年３月２日判決・判タ1323号77頁）でも，「租税法規はみだりに規定の文言を離れて解釈すべきものではなく」と判示しています。

編集者　じゃあ，税法の場合には，あまり目的論的解釈はなされていないということなのですね。

いえいえ，実際には，税法の場合も，趣旨に基づく拡張・縮小解釈は少なくありません。

例えば，所得税法60条１項は，贈与等の場合には，贈与者の取得費等を引き継ぐ旨の規定ですが，１号の「贈与」に負担付贈与が含まれるか否かが争点となった事案があります。なぜ，この点が争点になったかというと，「贈与」に含まれるとすると，贈与者の取得日を引き継ぐ結果，長期譲渡所得に該当し，課税の特例が適用されるけれど，含まれないとすると，短期譲渡所得の課税の特例しか適用されないという事案だったからです。これについて，最高裁昭和63年７月19日判決・判タ678号73頁は，「贈与」を縮小解釈し，負担付贈与は含まないと解釈しました。

「（**贈与等により取得した資産の取得費等**）

第60条　居住者が次に掲げる事由により取得した前条第１項に規定する資産を譲渡した場合における事業所得の金額，山林所得の金額，譲渡所得の金額又は雑所得の金額の計算については，その者が引き続きこれを所有していたものとみなす。

一　**贈与**，相続（限定承認に係るものを除く。）又は遺贈（包括遺贈のうち限定承認に係るものを除く。）

二　前条第２項の規定に該当する譲渡

編集者　「贈与」という文言を文字どおりに解すると，負担付贈与も「贈与」である以上，含まれるということになりますよね。

はい。そのとおりです。含まないとする理由については，「贈与者に経済的な利益を生じさせる負担付贈与を含まないと解するのを相当とし」としか判示されていません。ただ，この最判の解説を読むと，以下の趣旨の説明がされています。

「所得税法60条１項の趣旨は，受贈者において贈与者の取得価額及び取得時期を引き継ぐことを認め，課税の繰延べを認めたものであることから，贈与者に譲渡所得が課税される場合には，受贈者において同項による引継ぎを認めないことは当然である。そして，負担付贈与というのは，経済的実質からみて経済的利益があることから，譲渡所得が発生すると考えるべきである。」

編集者　つまり，負担付贈与を，経済的な実質によってとらえたということですね。

はい，そのようです。まあ，このように解釈したい気持ちもわかる気がしますが，文理解釈はあくまで原則として貫くべきであり，それで，現行法上不都合が生じているのであれば，ちゃんと改正すべきだと思います。例えば，「ただし，負担付贈与を除く。」という風に。総じて，所得税のような古い時代の法令は厳密な規定にはなっていないので，実務上，いろいろと問題を引き起こしている気がします。

編集者　確かに，所得税の「給与」の規定などは，単に代表的な給付が列挙してあるだけで，実質的な内容が規定されていないので，給与所得該当性は問題になることが多いですね。

はい。条文解釈をめぐって紛争が多発している規定や，今の時代にマッチしなくなった規定等については，民法の改正のように，そろそろちゃんとした内容に改正してもらいたいところです。

以上説明した事項を含め，税法についての文理解釈・目的論的解釈に関するルールがありますので，以下に列挙しておきます。このルールは，私がまとめたものですが，勝手に作ったのではなく，条文解釈に関する書籍等を読んで基礎となる事項をルール化したものです。

なお，詳細につきましては，『税務頭を鍛える本』（中央経済社・2018年）48頁～54頁で説明していますので，詳しく知りたい場合には，ご一読ください。

【解釈ルール】

解釈ルール１：文理解釈が目的論的解釈に優先して適用されなければならない。

解釈ルール２：文理解釈には，国語辞典ルールと法律用語辞典ルールがある。

解釈ルール３：法令中に同じ用語が使われている場合には，原則として，同じ内容に解釈されなければならない。

解釈ルール４：目的論的解釈による場合も，条文の文言から大きく乖離してはならない。

③　実は，条文解釈には文理解釈と目的論的解釈以外にもある

これまで，条文解釈について，「文理解釈」と「目的論的解釈」しか説明してきませんでした。でも，実は，これ以外にも解釈方法があります。

編集者　他にもあるのですか？　「文理解釈」と「目的論的解釈」だけかと思っていました。

【図表１－９】　条文解釈の種類

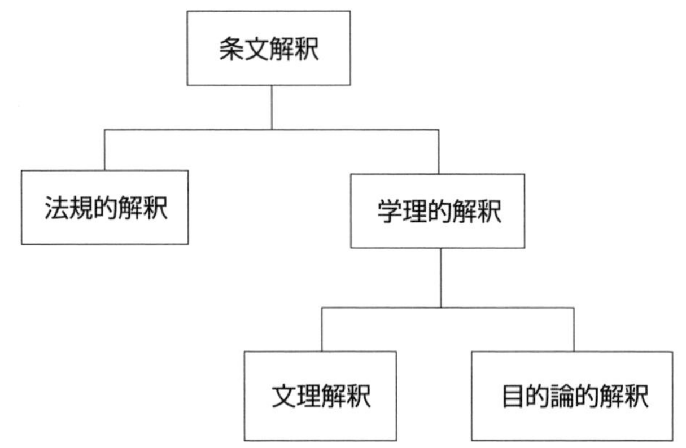

通常，「文理解釈」か「目的論的解釈」か？という２項対立で議論されるこ

とが多いですから，そう思うのも無理はありません。

まず，条文解釈は，「法規的解釈」と「学理的解釈」に大別されますが，「文理解釈」や「目的論的解釈」は**「学理的解釈」**に該当します。したがって，これまで説明していない解釈方法として，**「法規的解釈」**があるということになります（図表１－９）。

編集者　「法規的解釈」ですか。初めて聞きました。

この「法規的解釈」には，「定義規定」，「目的規定」，「趣旨規定」等複数ありますが，これらはすべて，法令中に，ある事項や用語に対する解釈の規定が置かれていて，これらの規定によって，問題となる規定の解釈をすることを言います。

「法規的解釈」について，例えば，林修三『法令解釈の常識』（日本評論社・1975年）では，以下のように説明しています。

> 「法規的解釈というのは，ある法令の規定の意味を明らかにするため，その法令中の他のところに，または，別の法令の中に特別の規定を設け，こういう規定によって，問題の規定の解釈をすることである。したがって，これは，また立法解釈ともいわれる。あとで説明する他の解釈方法（筆者注：学理的解釈のこと）とちがって，第三者が法令の解釈をやるのではなく，法令自体が，法令の形でみずから解釈を下すのであるから，実はこれほど確かなことはないわけで，その意味では，一番権威があるといえるものである。法令自体が下した解釈として，その範囲で，確定的な権威をもつという点に，この解釈のやり方の特徴があるわけである。」（71頁～72頁）

例えば，「定義規定」は，ある法令上で使用されている用語の定義が，法令上に規定されているわけですが，例えば，法人税法２条の定義は，「定義規定」になります。ここで定義されている各用語が，３条以降に出てきた場合には，定義された内容どおりに解釈するということは，当然ですね。

他にも，個別の条文中に，「以下『●●』という。」という形式の規定をよく見かけると思いますが，これも「定義規定」です。これを「略称規定」と呼ぶ論者もいるようですが，その効果は「定義規定」と変わりありません。

編集者　「定義規定」自体はその規定のまま解釈するとしても，定義自体に使用されている用語が曖昧な場合には，その用語自体の解釈はあるということですよね。

はい，それはそのとおりです。しかし，「定義規定」によって定義された内容を無視して，別途解釈をするということはできません。それは，**法令に違反する**ことになります。

この点について，林修三『法令解釈の常識』では，以下のように説明しています。

> 「つまり，この解釈規定自体が，一つの法令の規定なのであるから，かりに，その解釈が，法令の文言の上から，あるいは理屈の上から多少無理だと思われるような場合でも，裁判所も，あるいは法令の執行にあたる行政機関も，その解釈規定自体が一つの法令だという意味において，これに拘束されるのである。」（72頁）

編集者　なるほど。確かに法令上の規定ですから，裁判所であっても，遵守する必要があるというわけですね。

はい，そうです。

3　裁判所による不合理な解釈の例

以上，簡単ではありますが，法規的解釈，文理解釈及び目的論的解釈の説明と，これらの解釈ルールについて説明しました。

しかし，既に触れたように，実際には，課税庁の主張や，それを維持する裁判官の判断には，これらの解釈ルールが守られていないものが少なくありません。なお，裁判所のルール違反については，第２章から第５章で実際の裁判例の分析の中で，解説していきます。

ただ，このようなルール違反以前に，物の見方がおかしいもの，解釈された判断基準がそもそも無理筋のこと等，いろいろと不合理な解釈がありますので，ここで２件，紹介したいと思います。

⑴　初めから当たり馬券がわかっていたら外れ馬券など買わない！

まずは，外れ馬券の必要経費性が争点となった最高裁平成27年 3月10日判決（判タ1416号73頁）の反対意見です。

この判決では，多数意見は外れ馬券の必要経費性を認めましたが，これに対し，大谷裁判官は，以下のように判示して，多数意見の判断に疑問を呈しています。

「所得税法37条１項において，必要経費とは『売上原価その他当該総収入金額を得るため直接に要した費用の額及びその年における販売費，一般管理費その他これらの所得を生ずべき業務について生じた費用の額』とされており，例示に掲げられている費用からみても，一般的には収益と対応する費用が必要経費に当たると解されているものと思われる。これを馬券の購入についてみると，**当たり馬券の払戻金は，当該当たり馬券によって発生し，外れ馬券はその発生に何ら関係するものではないから**，検察官が主張するとおり，外れ馬券の購入代金は，単なる損失以上のものではなく，払戻金とは対応関係にないといわざるを得ない。本件の馬券の購入態様は，長期間にわたり多数回かつ頻繁に網羅的な購入をする特殊な態様であり，**法廷意見は一連の馬券の購入が一体の経済活動の実態を有するといえると評価するが，得られる払戻金の一回性，偶然性という収益としての性質は変わらないのであり，長期間にわたり多数回かつ頻繁に網羅的な購入を繰り返したからといって，なぜ本来単なる損失である外れ馬券の購入代金が当たり馬券の払戻金と対応関係を持つことになるのかは必ずしも明らかではない。**また，いかなる購入金額であろうと外れ馬券の購入代金の全額が必要経費に当たり得るとの判断は，広く一般の国民から理解を得るのは難しいのではなかろうか。

以上に述べたことから，原判決が，本件の外れ馬券の購入代金を所得税法37条１項前段の『直接に要した費用』として必要経費に当たるとしたのは法令解釈の誤りであり，同項後段の『所得を生ずべき業務について生じた費用』として必要経費に当たると解し得るかについても疑問がある。」（下線強調は筆者）

このように，反対意見は，当たり馬券の収益金は外れ馬券の購入とは何らの対応関係もないということを主な理由としています。

編集者　まあ，確かに，当たり馬券からしか収益金は発生しませんからね。

まあ，そうなのですが，収益との対応関係ということについては，ビジネスの実体に即して検討する必要があると思います。例えば，商品を販売して収益を得るようなビジネスの場合は，その商品（例えば，「Ａ商品」）の販売収入に対してＡ商品（Ｂ～Ｅ商品は関係ない）だけがその収入を獲得することに寄与しているので，Ａ商品の原価だけが対応関係にあると言えます（図表１－10）。したがって，反対意見は，馬券の収益金についても，このようなビジネスと同様に，「１対１」の対応関係を前提としていると言えます（図表１－11）。

【図表１－10】 商品販売の対応関係

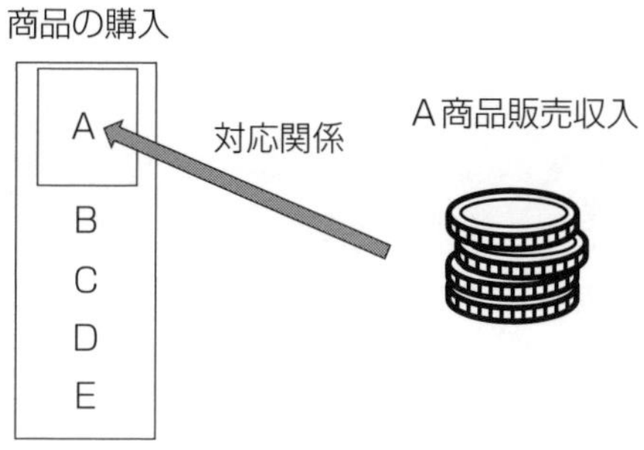

【図表１－11】 反対意見における各馬券の収益に対する寄与度

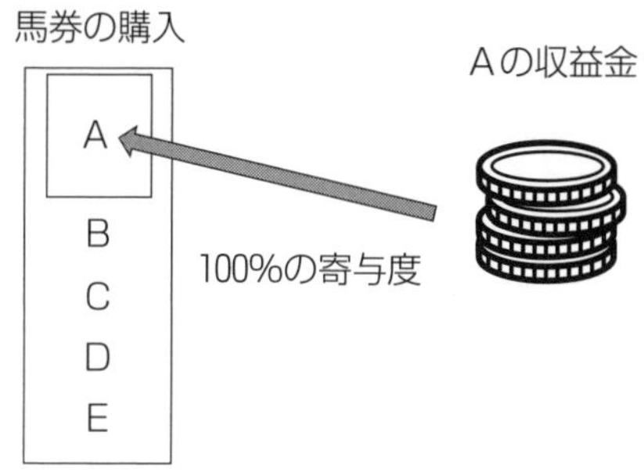

しかし，競馬のようなギャンブルの世界は，不確実な世界，つまり，**「確率でしか結果を把握できない世界」**です。最初から，当たり馬券がわかっていたら，誰だってその馬券しか買わないですよね。それにもかかわらず，他の外れ馬券も買った場合，その外れ馬券は，確かに，収益金に対して何らの寄与もしていないと言えます。

編集者　そりゃそうですね。

はい。このように馬券の購入時には不確実性があるため，競馬で儲けようとする馬券の購入者は，過去のレース結果等を分析予測した上で，有利と思われる馬券を購入するわけですが，そもそも，分析予測値は単なる確率に過ぎないため，実際には当たらないことは大いにあります。そして，予測値は確率であるという性質上，全体として少しでも回収率を高めたり，１点集中によって多額の資本を失うことをヘッジしたりするために，複数の馬券を購入する等の工夫をするわけです。つまり，馬券購入者は，購入馬券全体で収益金を獲得するような行動，つまり，取引を行っていると評価できます（図表１−12）。

【図表１−12】 納税者の意図に基づく馬券購入と収益金との対応関係

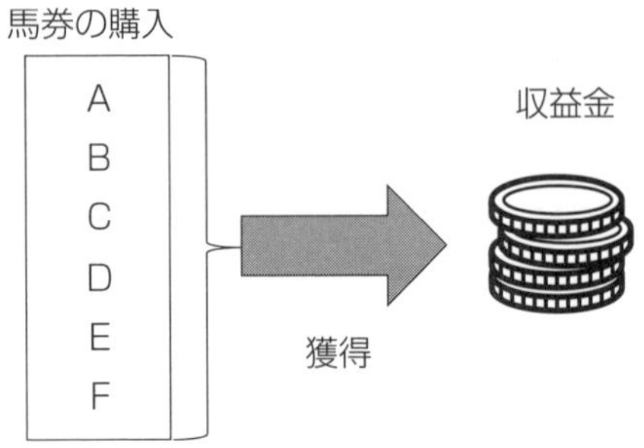

編集者　つまり，「多対１」というわけですね。

はい，そうです。それにもかかわらず，反対意見は，「１対１」の関係，つまり，**「既に結果が判明している時点から物を見ている」**ということになります（図表１−13）。

【図表１−13】 反対意見が前提としている視点

このように，反対意見は，不確実な意思決定であるという点を考慮に入れず，あくまでも商品販売のような確実な意思決定がなされる世界のものの見方を，

本件に無理やり当てはめて判断している点に問題があると考えます。

編集者　なるほど。ものの見方は一つではないということですね。

⑵ 「定量的なもの」と「定性的なもの」をどうやって比較するのですか？

次は，そもそも適用することが無理な内容を判断基準として定立している判決です。

東京高裁平成30年4月25日判決（ウエストロー・ジャパン）は，実務上よく問題となる，過大役員退職給与に該当するか否かが争点となった裁判例です。

> 「ウ　また，法人税法施行令70条2号が，役員退職給与の相当額の算定要素として，業務に従事した時間，退職の事情及び同業類似法人の役員に対する退職給与の支給状況等を列挙している趣旨は，当該退職役員又は当該法人に存する個別事情のうち，役員退職給与の相当額の算定に当たって考慮することが合理的であるものについては考慮すべきであるが，かかる個別事情には種々のものがあり，かつ，その考慮すべき程度も様々であるところ，これらの個別事情のうち，業務に従事した期間及び退職の事情については，退職役員の個別事情として顕著であり，かつ，役員退職給与の適正額の算定に当たって考慮することが合理的であると認められることから，これらを考慮すべき個別事情として例示する一方，その他の必ずしも個別事情としては顕著といい難い種々の事情については，原則として同業類似法人の役員に対する退職給与の支給状況として把握するものとし，これを考慮することによって，役員退職給与の相当額に反映されるべきものとしたことにあると解される。
>
> 　そうすると，当該退職役員及び当該法人に存する個別事情であっても，法人税法施行令70条2号に例示されている業務に従事した期間及び退職の事情以外の種々の事情については，原則として，同業類似法人の役員に対する退職給与の支給の状況として把握されるべきものであり，同業類似法

人の抽出が合理的に行われる限り，役員退職給与の適正額を算定するに当たり，これを別途考慮して功労加算する必要はないというべきであって，**同業類似法人の抽出が合理的に行われてもなお，同業類似法人の役員に対する退職給与の支給の状況として把握されたとはいい難いほどの極めて特殊な事情があると認められる場合に限り，これを別途考慮すれば足りるというべきである。**

エ　そこで，亡Ｄの役員在任中の功績について検討すると，亡Ｄは，前記ア(ア)のとおり，**被控訴人の経理及び労務管理を担当して約８億円の債務完済に何らかの貢献をしたことが認められるが，これに関する亡Ｄの具体的貢献の態様及び程度は必ずしも明らかではなく**，同業類似法人の合理的な抽出結果に基づく本件平均功績倍率（公刊資料によって認められる前記ア(イ)の数値に照らしても，有意なものと十分推認することができる。）によってもなお，同業類似法人の役員に対する退職給与の支給の状況として把握されたとはいい難いほどの極めて特殊な事情があったとまでは認められない。」（下線強調は筆者）

役員退職給与が過大であるか否かの判定に使用される平均功績倍率は，課税庁によって抽出された結果の件数が少ないこと，正しく抽出されたか否かがブラインドである点にそもそも問題があります。また，課税庁によって抽出されたデータは，申告時には全く不明であるので，予測可能性という点で非常に問題があります。

編集者　役員退職給与については，実務上，問題山積です。

はい。このように問題山積であるにもかかわらず，これを容認している裁判所にも問題はあります。

この点はさておき，上記判示をかいつまんで言うと，法人税法施行令70条２号で規定する役員退職給与の相当額の算定に当たって考慮すべき個別事情として，業務に従事した期間及び退職の事情を考慮することは合理的であるが，その他の事情は，支給状況（おそらく支給額のこと）に考慮されているはずなので，**「原則として，支給額だけを把握すれば足りる」**，ということを言っています。そして，平均功績倍率と比較して特殊事情がある場合には，例外的にそれを考慮するということのようです。

しかし，そもそも抽出された各退職者にどのような個別事情があって，それがどのように支給額に反映されていたかの詳細は不明であることに加え（**図表１－14**），さらに，「平均功績倍率」は，各退職者の功績倍率を平均していることから，各功績倍率の個別性自体が捨象された値になっています。

それにもかかわらず，この判決は，実際の「退職者の個別事情」と，単なる平均的な数字である「平均功績倍率」を比較せよと言っているわけですが，無理な話です（**図表１－15**）。

【図表１－14】　その他の個別事情と支給額との関係は不明

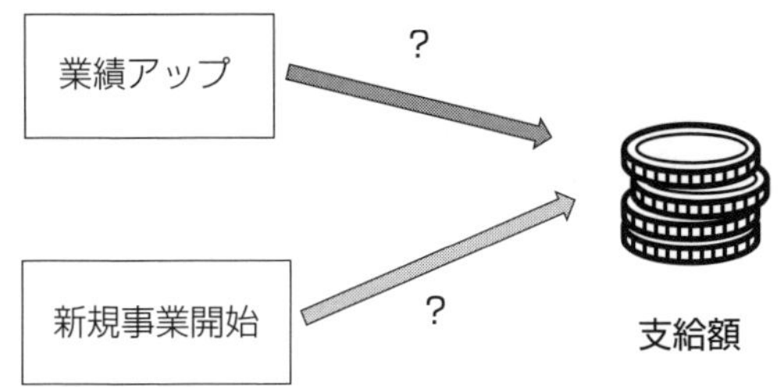

【図表１－15】　個別事情と単なる数字とを比較せよと無理なことを言っている！

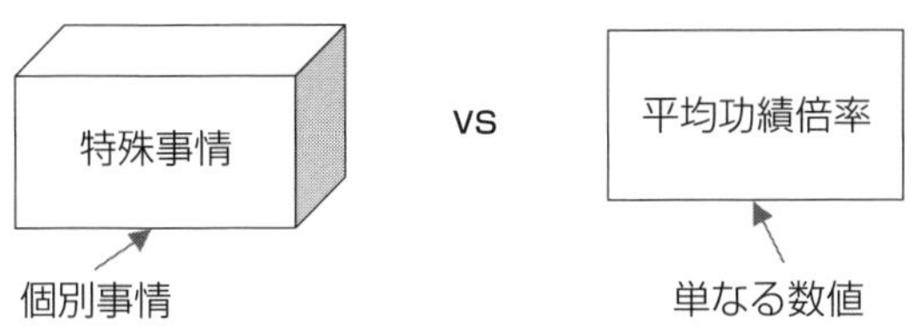

編集者　確かに無理ですよね。

はい。大体，このように適用することが無理な判断基準は，その判断基準に該当しないとして排斥するために定立されることが多いように思います。本判決でも，実際に比較しているわけではなく，そもそも特殊事情がないということを理由に該当なしと判断しています。

4　まとめ

では，本章を振り返ってみましょう。

まず，①税務の問題も法的な判断構造に沿って解決すべきことを説明した上で，法的な判断構造について，ヤフー事件を例に説明しました。

そして，次に，②条文解釈をするために知っておくべきこととして，頻出の法令用語である「当該」と「かかわらず」についてその使用方法を説明しました。

また，条文解釈方法である「文理解釈」と「目的論的解釈」について，民法754条の「婚姻中」の解釈を例に説明しました。一方，税法の場合は原則として「文理解釈」によるべきことが解釈ルールであるものの，実際には，目的論的解釈によって拡大・縮小解釈されていることも，所得税法60条１項１号の「贈与」の解釈を例に説明しました。そして，条文解釈方法には「法規的解釈」というものもあって，法令そのものである以上，行政機関及び裁判所も拘束することについても説明しました。

最後に，③条文解釈の方法だけでなく，裁判所による解釈には，物の見方が偏っているケースと無理筋の判断基準を定立したケースを素材として，不合理なものがあることを紹介しました。

以上で獲得された知識等を前提に，次章以降で，裁判例を素材として，実際に条文解釈をしていきましょう！

第 2 章

高額取得した棚卸資産である土地につき時価との差額の売上原価性を否認された事案

【素材】東京地裁令和元年10月18日判決（ウエストロー・ジャパン）

【ポイント】

- 適用される条文を見つけること
- 法人税法22条の構造を理解すること
- 真の争点の見つけ方
- 過年度の処理誤りについての考え方
- 寄附金の損金不算入事業年度はいつか
- 更正処分の期間制限への抵触

それでは，実際の裁判例を素材とした条文操作及び条文解釈の検討に入っていきましょう。

本章で検討するのは，不動産売買業を営む法人が，税務調査において，過年度に取得した棚卸資産である土地が時価より高額であり，よって，売却時の事業年度における当該土地の高額部分は「売上原価」には該当しないと判断された事案です。

一見すると，土地の高額取得部分（つまり，時価超過額）は，課税実務上「寄附金」に該当すると判断されることが多いことから，課税庁及び裁判所の判断はそれなりに納得するかもしれません。しかし，実際には，「寄附金」該当性だけが争点ではないのです。したがって，仮に，時価超過額が「寄附金」に該当するとしても，「もう一つの争点」が審理判断されれば，異なった結論が導かれたはずです。この「もう一つの争点」は，本事案に適用される条文を丁寧に追い，かつ，その条文の規定を正確に読むことで発見できるのです。

Ⅰ　事案の概要及び取り上げられた争点

不動産販売業を営むＸ社（８月末決算）は，平成22年６月14日に，大陽不動産との間で，土地（以下「本件土地」といいます）を約１億8000万円で売買する旨の契約を締結しました。Ｘ社は，大陽不動産に対して，約１億8000万円の貸付金等の債権（以下「本件債権」といいます）を有していたものの，大陽不動産は債務超過の状態が継続していたことから，本件債権の弁済を受けることは期待できませんでした。そこで，大陽不動産社が有していた本件土地で本件債務を代物弁済させるべく，その売買代金と本件債権とを対当額で相殺しました。なお，売買時点における本件土地の時価は，約7000万円であると評価されています（図表２－１）。

翌事業年度である平成22年９月１日から平成23年８月31日までの間に，Ｘ社は，本件土地につき，合筆・文筆等をした上で，10名に対し，代金合計約5000万円で売却しました。そこで，Ｘ社は，平成23年８月期の法人税確定申告において，本件土地について，売買価額である約１億8000万円相当を，「売上原価」として損金計上して申告しました（当該確定申告の内容は，約１億5000万円のマイナスの所得金額，翌期に繰り越す損失は約２億3000万円でした）。

そうしたところ，その後に税務調査があり，平成29年３月28日に，所轄税務署長より，本件土地の時価である約7000万円と，「売上原価」として計上されている約１億8000万円との差額（以下「本件差額」といいます）である約１億1000万円は，贈与としての性質を有し，棚卸資産の購入の代価としての性質を欠くことから，「売上原価」として損金算入できないとして，更正処分及び加算税の賦課決定処分（以下「本件各処分」といいます）がなされました。

Ｘ社は，平成29年６月20日，本件各処分を不服として，国税不服審判所に審査請求しましたが，平成30年６月１日，当該審査請求を棄却する旨の裁決がなされました。そこで，Ｘ社は，平成30年11月30日，東京地裁に訴訟を提起しました。

【図表２－１】　本件土地の時価と譲渡代価の関係

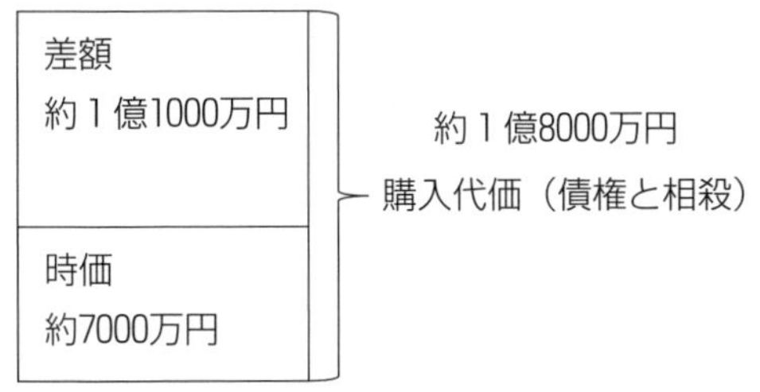

なお，後ほど検討しますが，本事案は，事実関係の発生時点が重要な意味を持ちますので，本件土地の取得から訴訟提起に至る経緯を，以下にまとめておきます。

【時系列】

平成22年６月：大陽不動産との間で本件土地を，約１億8000万円で売買する旨の契約を締結をした。

～平成23年８月末まで：本件土地を分筆等した上で，約5000万円で第三者に売却。本件土地の売買価額全額を「売上原価」として損金の額に算入して申告をした。

平成29年３月28日：所轄の税務署長は，平成23年８月期の法人税確定申告に対し，時価（約7000万円）との差額である１億1000万円につき，「売上原価」該当性を否定する旨の本件各処分がなされた。

平成29年６月：Xは，本件各処分につき審査請求した。

平成30年６月：審査請求を棄却する旨の裁決がなされた。

平成30年11月：訴訟を提起した。

なお，本事案において実際に審理・判断された争点は２つありますが，ここでは，本件差額を「売上原価」として平成23年８月期の損金の額に算入できるか，という争点についてのみ検討することにします。

Ⅱ　裁判所の判断

ではまず，判決文のうち，上記の争点に関する「裁判所の判断」部分を引用します。重要な箇所は，強調・下線を引いておきます。

「２　本件差額を『売上原価』として平成23年８月期の損金の額に算入できるか（争点２）について

⑴　法人税法22条３項１号は，『当該事業年度の収益に係る売上原価…の額』を，当該事業年度の損金の額に算入すべき金額としている。

本件土地は原告が購入した棚卸資産であったところ，棚卸資産の販売の収益に係る『売上原価』とは，当該資産の『取得価額』を指し，購入した棚卸資産の『取得価額』には，『当該資産の購入の代価』が含まれるとされている（法人税法29条２項，法人税法施行令32条１項１号イ）。

したがって，本件土地のように購入した棚卸資産の『購入の代価』はその販売の収益に係る『売上原価』として損金の額に算入されることになるが，時価よりも高額な売買代金による高額譲受けが行われた場合に，当該資産の『購入の代価』をどのように評価すべきかについて，法人税法や法人税法施行令に直接の規定は設けられていない。

(2)　ア　法人税法37条1項は，内国法人が各事業年度において支出した『寄附金の額』のうち，政令で定めるところにより計算した金額を超える部分の金額は，損金の額に算入しない旨を規定している。

ここでいう『寄附金の額』とは，同条7項によれば，寄附金，拠出金，見舞金その他いずれの名義をもってするかを問わず，内国法人が金銭その他の資産又は経済的な利益の贈与又は無償の供与（広告宣伝及び見本品の費用その他これらに類する費用並びに交際費，接待費及び福利厚生費とされるべきものを除く。）をした場合における当該金銭の額若しくは金銭以外の資産のその贈与の時における価額又は当該経済的な利益のその供与の時における価額を指すものである。

イ　法人税法37条8項は，内国法人が資産の譲渡又は経済的な利益の供与をした場合において，その譲渡又は供与の対価の額が当該資産又は経済的な利益の時価に比して低いときは，当該対価の額と当該時価との差額のうち実質的に贈与又は無償の供与をしたと認められる金額は，『寄附金の額』に含まれるものとする旨を規定する。

同項は，例えば時価よりも低額の売買代金により法人所有の不動産等の資産を売却した場合に，売買契約という当事者の選択した法形式を否認して時価による売買と差額分の金銭の贈与という二つの法律行為があったとみなすものでも，当該法律行為を売買と贈与の混合契約であるとみなすものでもなく，当該法律行為は私法上の性質としては売買契約であることを前提に，売買代金と時価との差額は，売主たる法人から買主に『供与』された『経済的な利益』であり（差額の金銭が移転するわけではないから金銭の贈与ではないし，売買目的物の所有権移転原因は売買であるから売買目的物の全部又は一部の贈与でもなく，時価による売買代金債務が一旦発生するわけではないから債務の免除でもないが，当該差額分の経済的な利益が移転していることは明らかである。），そのうち『実質的に贈与又は無償の供与をしたと認められる金額』については，『経済的な利益の…無償の供与』をした場合における当該『経済的な利益』の時価として，法人税法37条７項が定義する『寄附金の額』に該当することから，当該金額が損金算入限度額を超えて損金の額に算入されないものであることを確認的に規定したものと解される。

ウ　**法人が時価よりも高額の売買代金により不動産等の資産を購入した場合も，売買代金と時価との差額は，買主たる法人から売主に『供与』された『経済的な利益』であり，そのうち『実質的に贈与又は無償の供与をしたと認められる金額』については，『経済的な利益の…無償の供与』をした場合における当該『経済的な利益』の時価として，法人税法37条７項が定義する『寄附金の額』に該当することになるから，当該金額は損金算入限度額を超えて損金の額に算入されないこととなるものと解される**。

この場合も，売買契約という当事者の選択した法形式を否認して時価による売買と差額分の金銭の贈与という二つの法律行為があったとみなすものでも，当該法律行為を売買と贈与の混合契約であるとみなすものでもなく，当該法律行為は私法上の性質としては売買契約であることを前提に，その売買代金額の一部を法人税法の適用上『寄附金の額』と評価しているものにすぎず，当該法律行為の私法上の性質を変更するものではないと解される。

エ　**そうすると，棚卸資産の高額譲受けにおいても，当該対価の額と当該資産の時価との差額については，その全部又は一部が『寄附金の額』と評価される場合には，法人税法の適用上，損金の額への算入が制限されるのであるから，そのような扱いを受ける当該差額は，当該資産の販売の収益に係る費用として当然に損金の額に算入される『売上原価』とは異質なものといわざるを得ず，『売上原価』とは異なる費用又は損失の額として別途損金該当性を判断すべきものというべきである。**

したがって，当該差額は，法人税法22条３項１号にいう『売上原価』に当たらず，法人税法施行令32条１項１号イの『当該資産の購入の代価』には含まれないと解するのが相当である。

⑶　これを本件についてみると，本件売買価額（１億8421万7112円）は本件土地の時価（7283万9889円）を超えるものであるから，本件差額（１億1137万7223円）は，法人税法22条３項１号にいう『売上原価』に当たらない。

したがって，本件差額を『売上原価』として平成23年８月期の損金の額に算入することはできないというべきである。

（中略）

イ　また，原告は，本件差額は，本件債権の貸倒損失に該当するものといえることに加え，大陽不動産からの申出を断れば，原告は，巨額の本件債権について毎年課税対象となる利息を計上しなければならないというより大きな損失を被ることが明らかであったため，原告はやむを得ず本件売買及び本件債権との相殺処理に応じたものであり，時価を超えて支払うべき合理的理由があったから，本件差額は『寄附金の額』に該当せず，売上原価性を失わないと主張する。

しかし，本件差額が『売上原価』に当たらないことは上記のとおりであり，**仮に本件差額が『寄附金の額』に該当せず何らかの費用又は損失として損金の額に算入すべきであるとしても，それは平成23年８月期ではなく，本件売買及び本件債権との相殺処理がされた平成22年８月期の損金の額に算入すべきものであるから，原告の上記主張は失当である**。」

Ⅲ　本事案を条文に即して検討する

上記の判決からわかるとおり，裁判所が時価超過額（判決文では「本件差額」）につき「売上原価」性を否定した理由は，時価超過額は「寄附金」として評価されるものであることから，「売上原価」としての性質を有しないということのようです。

編集者　実務上，時価より高額で土地等を取得したら，時価超過分は「寄附金」と認定されることが多いのではないでしょうか。そういう意味で，裁判所の判断は理解できる気がします。

確かに，実務上，時価超過部分は，「寄附金」とされることが多いですね。法人税基本通達７－３－１でも，「法人が不当に高価で買い入れた固定資産について，その買入価額のうち実質的に贈与をしたものと認められた金額がある場合には，買入価額から当該金額を控除した金額を取得価額とすることに留意する。」と規定しています。

この通達についても，本件の時価超部分が，「実質的に贈与をしたものと認められた金額」に該当するか否かという点で議論し得るところではありますが，ここでは「寄附金」に該当することを前提として検討を進めます。

ただ，時価超過額が「寄附金」に該当することを前提としても，本件では，これ以外に検討すべき争点があって，この争点によって結論は変わり得ます。しかし，判決では全く検討されていません。

この検討されなかった争点を探し出すために，第１章（２頁）で説明した法的判断枠組みに沿って検討していきましょう。

編集者　他にも検討すべき争点があったにもかかわらず，検討されなかったということですか。そんなことがあるのですか？

本来，法律構成は裁判所の専権なので，当事者が争点として提起せずとも裁判所が争点整理をした上で，審理判断する必要はあります。しかし，裁判例を検討すると，実際には，当事者が積極的に主張しないと，取り上げられないケースも少なくないと思います。

編集者　そうなのですか。納税者側も勝てる争点を見つけて主張する必要がありますね。

はい，そうです。「争う土俵は自ら設定すべし」ということです。

1　まずは「売上原価」に適用される条項を探す

では，法的判断枠組みのステップ１である「適用される条文の確定」から始めましょう。

本件において争点となった資産は「土地」ですが，本件土地は「棚卸資産」に属するので，これを売却した場合の損金の種類は**「売上原価」**になります。そこで，まずは，法人税法上，「売上原価」が損金となることを定めた条文を見つけましょう。

編集者　「売上原価」の損金算入の条文ですか。う～ん，すぐには思い浮かばないですね。

そうですか。でも，**「租税法律主義」**なので，絶対‼ に根拠となる条文はあります。なければ，課税処分はできません。

ただ，法人税法では益金及び損金のすべてについて，個別の規定が置かれているわけではありません。そこで，法人税法の益金及び損金に関する基本的な構造について，簡単に説明しましょう。

法人税法22条は，まず，１項で法人税の課税標準である「各事業年度の所得の金額」は，「当該事業年度」の**「益金の額」**から「当該事業年度」の**「損金の額」**を控除して計算される旨が規定されています。計算式で表すと，以下のようになります。

各事業年度の所得の金額	**＝**	**当該事業年度の益金の額**	**－**	**当該事業年度の損金の額**

次に，２項では，「益金の額」につき，**「別段の定め」**があるものを除き，資産の販売，有償又は無償による資産の譲渡又は役務の提供等の取引で資本等取

引以外のもの「収益の額」とすべきと規定しています。

同様に，3項では，「損金の額」につき，**「別段の定め」**があるものを除き，原価の額，販売費・一般管理費等の額及び損失の額で資本等取引以外の取引に係るものを「損金の額」に算入すべきと規定しています。

そして，4項では，2項に定める「収益の額」及び3項に定める「原価の額」，「販売費，一般管理費その他の費用の額」及び「損失の額」は，**「別段の定め」**があるものを除き，**「一般に公正妥当と認められる会計処理の基準」**，以下これを**「公正処理基準」**と呼ぶことにしますが，これに従って計算される旨が規定されています。

最後に，5項については，「資本等取引」の定義がされています。

このように22条の規定から，益金については「別段の定め」がある場合は，それが根拠条文となり，「別段の定め」がない場合には2項と4項が根拠条文になるということがわかります。損金についても同様に，「別段の定め」がある場合にはそれが根拠条文となり，ない場合には3項と4項が根拠条文になるということになります（図表2－2）。

【図表2－2】　法人税法22条4項と別段の定めの関係

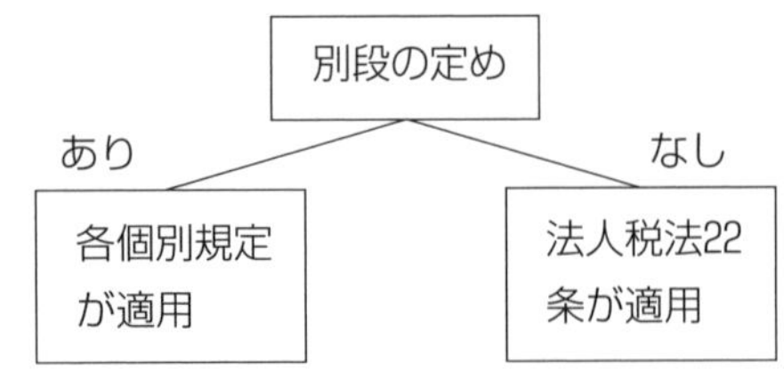

編集者　**ああ，そうでした！　根拠条文と言われたので，つい，「別段の定め」のことかと勘違いしてしまいました。**

【参考】

法人税法第22条　内国法人の各事業年度の所得の金額は，当該事業年度の益金の額から当該事業年度の損金の額を控除した金額とする。

2　内国法人の各事業年度の所得の金額の計算上当該事業年度の益金の額に算入すべき金額は，別段の定めがあるものを除き，資産の販売，有償又は無償による資産の譲渡又は役務の提供，無償による資産の譲受けその他の取引で資本等取引以外のものに係る当該事業年度の収益の額とする。

3　内国法人の各事業年度の所得の金額の計算上当該事業年度の損金の額に算入すべき金額は，別段の定めがあるものを除き，次に掲げる額とする。

一　当該事業年度の収益に係る売上原価，完成工事原価その他これらに準ずる原価の額

二　前号に掲げるもののほか，当該事業年度の販売費，一般管理費その他の費用（償却費以外の費用で当該事業年度終了の日までに債務の確定しないものを除く。）の額

三　当該事業年度の損失の額で資本等取引以外の取引に係るもの

4　第２項に規定する当該事業年度の収益の額及び前項各号に掲げる額は，別段の定めがあるものを除き，一般に公正妥当と認められる会計処理の基準に従つて計算されるものとする。

5　第２項又は第３項に規定する資本等取引とは，法人の資本金等の額の増加又は減少を生ずる取引並びに法人が行う利益又は剰余金の分配（資産の流動化に関する法律第115条第１項（中間配当）に規定する金銭の分配を含む。）及び残余財産の分配又は引渡しをいう。

そうでしたか。でも，実際には，法人税法22条４項が根拠条文となる事案は意外に多いと思います。「別段の定め」がある場合でも，そこで規定されている以外の内容については，22条４項が根拠条文になります。つまり，22条４項は，法人税法の規定の隙間を埋める条文ということになります。

では，話を元に戻して，「売上原価」の根拠条文を確定させましょう。

まず，法人税法22条３項１号から，「売上原価」が損金になるということが根拠づけられました。判決文でも，「法人税法22条３項１号は，『当該事業年度の収益に係る売上原価…の額』を，当該事業年度の損金の額に算入すべき金額としている。」と摘示していますね。そうすると次に確認すべきは，どのような性質の費用が「売上原価」に該当するのか，その金額はどのように計算されるのか等が問題となります。したがって，そのような内容を規定した条文を確定する必要があります。

編集者　判決文では，法人税法29条２項と法人税法施行令32条１項１号イがあげられていますね。これですか？

はい，これもそうです。

やや余談になりますが，「売上原価」に限らず，問題となっている事案に適用される法令や条文番号がわからないような場合には，一般に基本書と言われる本を探すといいと思います。税法であれば，金子宏先生の『租税法』（弘文堂）が一般に基本書と言われています。そこで，『租税法第24版』387頁を見ると，法人税法29条が根拠条文として挙げられています。

ということで，「売上原価」の根拠条文には，「別段の定め」として法人税法29条があることがわかりましたので，同条を検討しましょう。

編集者　「内国法人の棚卸資産につき第22条第３項の規定により各事業年度の所得の計算上当該事業年度の損金の額に算入する金額を算定する場合におけるその算定の基礎となる当該事業年度終了の時において有する棚卸資産の価額は…」，う～ん，一文が長くて，一読しただけでは頭に入ってきませんね。

【参考】（棚卸資産の売上原価等の計算及びその評価の方法）

法人税法第29条　内国法人の棚卸資産につき第22条第３項（各事業年度の損

金の額に算入する金額）の規定により各事業年度の所得の金額の計算上当該事業年度の損金の額に算入する金額を算定する場合における**その算定の基礎となる当該事業年度終了の時において有する棚卸資産（以下この項において「期末棚卸資産」という。**）の価額は，棚卸資産の取得価額の平均額をもつて事業年度終了の時において有する棚卸資産の評価額とする方法その他の政令で定める評価の方法のうちからその内国法人が当該期末棚卸資産について選定した評価の方法により評価した金額（評価の方法を選定しなかつた場合又は選定した評価の方法により評価しなかつた場合には，評価の方法のうち政令で定める方法により評価した金額）とする。

2　前項の選定をすることができる評価の方法の特例，評価の方法の選定の手続，棚卸資産の評価額の計算の基礎となる棚卸資産の取得価額その他棚卸資産の評価に関し必要な事項は，政令で定める。（下線強調は筆者）

ホントにこの条文は，長くて読みにくいですね。１項をもう少しわかりやすく読み替えると，「売上原価として損金の額に算入する金額を算定する場合の基礎となる期末棚卸資産の価額は，平均法等の方法のうちから，法人が選定した評価方法により評価した金額とする。」ということになります。この条文は，直接的には，**期末棚卸資産の評価**のことについて規定しているだけなので，この規定だけでは売上原価の金額をどうやって算定するかは読み取れませんね。こういう時にも，基本書に助けてもらいましょう。先ほど紹介した金子先生の『租税法』では，以下のように説明されています。

「売上原価を直接に確認できる場合は，それによるのが所得を正確に算出するゆえんであるが，しかし大量の棚卸資産の購入と販売を継続的に行っている企業においては，実際問題として，それは困難である。そこで考案されたのが，**期末に在庫する棚卸資産を確認し，それを評価することによって間接に売上原価を把握する方法である**。この方法は，今日，原価計算の技術として一般的に用いられており，そこでは，売上原価は，期末棚卸資産の価額と登記仕入額の合計額から期末棚卸資産の評価額を控除した金額として示される。したがって，売上原価は，期末棚卸資産をいかなる方法で評価するかによって左右されることになる。**なお，期末棚卸資産の評価額は，そのまま次の年度の期首棚卸資産の価額となるから，その意味でも期末棚卸資産の評価は重要である**。」[1]（下線強調は筆者）

また，谷口勢津夫先生の『税法基本講義第７版』では，以下のように説明されています。

「法人税法は，事業年度末に有する棚卸資産（期末棚卸資産）の価額を一定の方法により評価し，その評価額を基礎にして当該事業年度の売上高に係る売上原価を計算することとしている（29条１項。所税47条１項参照)。**これは，企業会計における棚卸計算法（企業会計原則第２の３のC）と同じく，期末棚卸資産の評価を通じて，期中に販売または消費により払い出された棚卸資産の取得価額を，間接的に把握し，これを当期の売上高に係る売上原価に配分する，という期間的・間接的な原価配分の方法，を採用したものと解される**。」[2]（下線強調は筆者）

つまり，法人税法は，売上原価の計算方法を直接的に規定することなく，金子先生のいうところの企業会計における原価計算の技術，谷口先生のいうところの棚卸計算法を，暗黙の前提としているということです。「暗黙の前提」を法的に根拠付けるとすれば，法人税法22条４項を通じて，企業会計上の棚卸計算法が法人税法に取り込まれていると解釈することができると思います。

以上をまとめると，売上原価は，期首棚卸資産の価額に，期中の仕入額を足して，期末棚卸資産の価額をマイナスすることによって，間接的に算定される

1　金子宏『租税法第24版』（弘文堂・2021年）387頁
2　谷口勢津夫『税法基本講義第７版』（弘文堂・2021年）433頁

ということになります（図表２－３）。

【図表２－３】　売上原価の額の計算式

売上原価の額＝期首棚卸資産の価額＋当期仕入額－期末棚卸資産の評価額

編集者　そうすると，「売上原価」の額に含まれるか否かというのは，直接的には判断できないということですね。

はい，そうです。棚卸資産の価額を通じて判断されることになります。『租税法』でも説明されているように，**期末棚卸資産の価額はそのまま次年度の期首棚卸資産の価額となるので**（図表２－４），結局，売上原価の算定に当たっては，（前期と当期の）期末棚卸資産の価額と当期仕入額に着目することになります。**本事案のように，前事業年度に取得した棚卸資産を当期に売却したような場合には，前事業年度における期末棚卸資産の価額だけに着目すれば足りることになります。**

そこで，次は，この期末棚卸資産の価額はどのようにして算定されるのか，が問題になります。それについては法人税法29条２項で，「政令で定める」として政令に委任されていますので，委任先の法人税法施行令を確認すると，棚卸資産の評価方法については，法人税法施行令28条から31条で規定されています。また，棚卸資産の取得価額については，法人税法施行令32条と33条で規定されています。

【図表２－４】 前期末棚卸資産の評価額と当期首棚卸資産の価額との関係

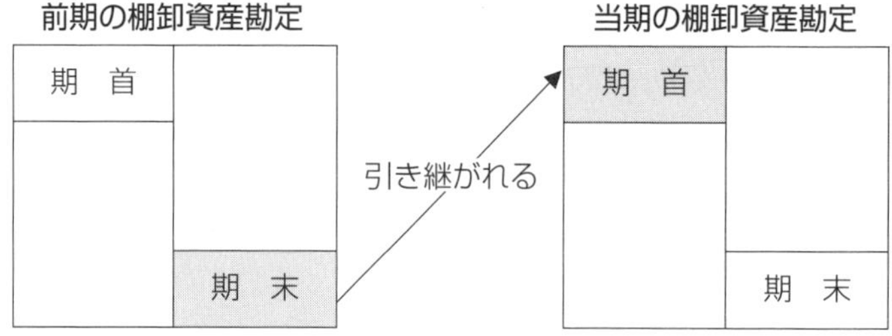

編集者　本事案では，本件土地の売買代金の中に寄附金に該当する金額が含まれているということが問題となっているので，棚卸資産の評価方法ではなくて，棚卸資産の取得価額の方が問題になりそうですね。

はい，そうです！　法人税法施行令33条は特例なので，本事案で確認すべきは32条の方ですね。本件土地は「購入した棚卸資産」なので，１号を見ると，購入代価と販売等に直接要した費用の額の合計額が棚卸資産の取得価額になると規定されています。そして，本事案の場合には，時価超過額は寄附金であって本件土地の購入の代価にはならない，ということが指摘されているわけです。

ひとまず本事案に関係する「売上原価」に関する根拠条文が出そろいましたので，これまでの議論をまとめてみましょう。

【参考】（棚卸資産の取得価額）

法人税法施行令第32条　第28条第１項（棚卸資産の評価の方法）又は第28条の２第１項（棚卸資産の特別な評価の方法）の規定による棚卸資産の評価額の計算の基礎となる棚卸資産の取得価額は，別段の定めがあるものを除き，次の各号に掲げる資産の区分に応じ当該各号に定める金額とする。

一　購入した棚卸資産（法第61条の５第３項（デリバティブ取引による資産の取得）の規定の適用があるものを除く。）　次に掲げる金額の合計額

イ　当該資産の購入の代価（引取運賃，荷役費，運送保険料，購入手数

料，関税（関税法（昭和29年法律第61号）第２条第１項第４号の２（定義）に規定する附帯税を除く。）その他当該資産の購入のために要した費用がある場合には，その費用の額を加算した金額）

ロ　当該資産を消費し又は販売の用に供するために直接要した費用の額

二　自己の製造，採掘，採取，栽培，養殖その他これらに準ずる行為（以下この項及び次項において「製造等」という。）に係る棚卸資産　次に掲げる金額の合計額

イ　当該資産の製造等のために要した原材料費，労務費及び経費の額

ロ　当該資産を消費し又は販売の用に供するために直接要した費用の額

【これまでの議論のまとめ】

①　法人税法上，「売上原価」が損金として算入されることは，22条３項１号で規定されている。

②　法人税法上，「売上原価」の額の算出に関しては，29条１項に規定されているが，当該規定は，売上原価の金額は期首棚卸資産の価額に期中での仕入額を足して期末棚卸資産の価額をマイナスして算出されるという建付けを前提としている。

③　したがって，「売上原価」の額の算定に当たっては，期首棚卸資産，当期仕入高及び期末棚卸資産の価額によって決定されることになる。

④　もっとも，本事案のように，前事業年度に取得した棚卸資産を当期に売却したような場合には，期首棚卸資産の価額に着目すれば足りる。

⑤　加えて④の場合，期首棚卸資産の価額は，前事業年度の期末棚卸資産の価額をそのまま引き継ぐので，前事業年度における期末棚卸資産の価額だけに着目すれば足りる。

2　時価超過額の寄附金該当性以外の争点を見つける

それでは，次に進みましょう。なお，時価超過額を法人税法上，どのように扱うかについては，いろいろと議論すべき点もあるとは思いますが，ここでは，

時価超過額は「購入代価」には該当しないとして，議論を進めましょう。

編集者　本事案では，本件土地の取得価額は，時価超過額相当分，過大に評価されていたということになるわけですよね。そうすると，結局，売上原価も過大に算定されたことになるので，時価超過額は売上原価の額にはならないということになるのではないですか。

確かに，平成23年８月期に計上された売上原価は，時価超過額分過大に計上されていることになります。しかし，本件土地は平成22年８月期中に取得されたので，平成23年８月期の売上原価の過大計上は，この事業年度の期末棚卸資産の価額が過大に評価されていたことが原因です。つまり，この期末棚卸資産の価額は，そのまま平成23年８月期の期首棚卸資産の価額に引き継がれた結果，同期の期首棚卸資産の価額が過大となって，最終的に，売上原価が過大となったわけです。**図表２－３**の計算式を思い出してください。

しかし，期首への引継ぎ自体は正しい処理なので，平成22年８月期の期末棚卸資産の評価が，法人税法施行令32条及び法人税法29条１項に反しているということになります。

そこで問題になるのが，この平成22年８月期の期末棚卸資産の評価誤りは，いつの事業年度で是正されるべきであるのかということ，**つまり，「期間帰属」です。これが，本事案で検討されるべきであった争点です。**

編集者　なるほど。期末棚卸資産の価額を翌期に引き継ぐこと自体は正しいとなると，その前の段階が誤っていたということになりますね。でも，本裁判例では，期間帰属の問題は検討されずに，当然のごとく「売上原価」として計上した平成23年８月期で損金算入を否認しています。

はい。しかし，本当は，本裁判例でも争点として検討されるべきでした。争点として審理されなかった原因については，後ほど，詳細に検討しますが，裁判所の判断には，複式簿記的な発想が欠けていることと，「売上原価」の額が期末棚卸資産の評価を通じて間接的に算出されるという基本的な構造の理解が欠けていたのが主な原因だと思います。

では，実際には審理判断されなかった「平成22年８月期の期末棚卸資産の価額は，いつの事業年度で是正されるべきか？」という争点について，検討していきましょう。

3　【追加の争点】平成22年８月期の期末棚卸資産の価額は，いつの事業年度で是正されるべきか？

この争点は，「過年度の誤りは，いつの事業年度で是正すべきか」という問題に言い換えることができます。

過年度損益修正についての考え方については，次章で詳細に検討しますが，ここでは，本争点の判断に必要な内容についてのみ説明します。

まず，過年度誤りの是正方法については，大別して，**①誤りを犯した当該事業年度に遡及して是正しなければならないという考え方と，②前期損益修正損益として，事後の事業年度で是正することができるという考え方**があります。

①の考え方は，国税通則法19条（修正申告），23条（更正の請求）及び24条（更正）が，納税申告書の提出があった場合で当該納税申告書に誤りがあった場合には，遡及して是正する旨が規定されていることを主な理由としています。一方，②の考え方は，企業会計原則第二の六・注解12の(2)において，特別損失の１つとして過年度損益修正損があげられていることや，従来，会計実務上，過年度の是正が過年度損益修正として処理されていたことから，これを法人税法22条４項の「公正処理基準」であるとする考え方です。

【図表２－５】 過年度の誤りに対する是正方法

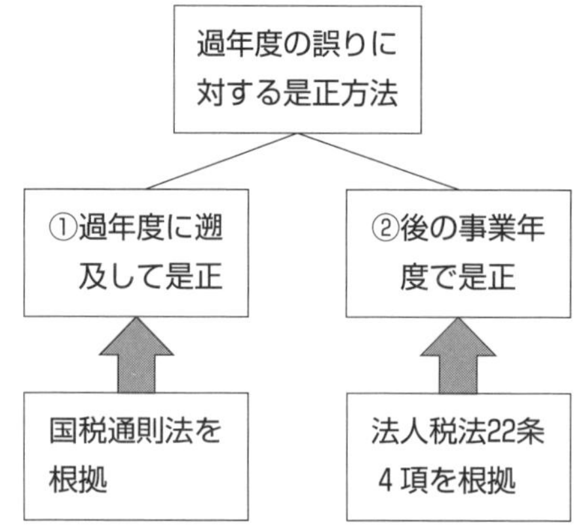

編集者　実務上，いずれの方法が正しい考え方なのですか？

残念ながら，いずれが正しい方法かは，現状，定まっていません。次章で詳しく見ますが，最高裁判決を含む裁判例では，場当たり的に，どちらか一方をあるべき是正方法であると判断している印象を受けます。困ったものです。

本来，この種の問題は，矛盾抵触する２つの規定のうちいずれが優先するのかという問題に帰着するのですが，そういう場合に備え，法令間での矛盾抵触が生じた場合にそれを解決するための法学上のルールがあって，「通常」，当該ルールで決着がつきます。

編集者　じゃあ，本件のような場合も，そのルールでいずれか１つに決まるのではないですか？

「通常」は決まるのですが，法人税法については，悩ましい問題があります。

まず，この矛盾抵触を解決するためのルールで，本事案に関係するものを挙げると，**「特別法優先の原理」**というものがあります。この「特別法優先の原理」は，同じ事項について２つ以上の同種又は同等の法令が規定を設けている場合に，その事項を，一方は一般的な適用関係の１つとして規定していて，他方はその場合に特別に適用されるような形で規定しているときには，前者を**「一般法」**，後者を**「特別法」**と呼び，「特別法」を「一般法」よりも優先的に適用するというルールです[3]。

税法の場合でいえば，例えば，租税特別措置法は「特別法」で，法人税法や所得税法が「一般法」という関係になります。

また，国税通則法は，制定以前は各個別法においてバラバラに規定されていた事項を，共通の原則として統一的に規定したものなので，各国税に関する個別法が「特別法」，国税通則法が「一般法」ということになります。

編集者　本件の場合，この「特別法優先の原理」を適用すると，どういった結論になるのですか？

先ほど説明したとおり，法人税法と国税通則法は「特別法」と「一般法」の関係にあるので，法人税法における規定が優先することになります。つまり，②の前期損益修正損益で処理する方法が優先することになります。が，法人税法上，前期損益修正損益で処理する旨の明文規定があるわけではなく，法人税法22条４項を媒介として企業会計原則に照らした場合の１つの解釈のようなものなので，過年度の是正に関する「特別法」としての地位があるとまでは言えないと思われます。

まあ，いずれにせよ，最高裁あたりがはっきりと決めるべきなのですが，最高裁自身が都合よく２つを使い分けているので，今後も当面はっきりしないままではないかと思います。

編集者　①と②の方法のいずれかによるべきかがはっきりしないとすると，本事案ではどのような結論になるのでしょうか？

3　林修三『法令解釈の常識』（日本評論社・2020年）67頁

どのような結論になるかを考えるにあたっては，実際に，①過年度に遡及して修正する方法を適用した場合と，②過年度損益修正として処理する方法を適用した場合に，それぞれどのような結論が導かれるかをみてみた方がいいでしょう。

まず①の場合，過年度に遡及して修正するということになりますから，本事案の場合，平成22年８月期に遡って，期末棚卸資産の価額を減額修正することになります。時価超過額が寄附金としての性質を有するということなので，以下の仕訳をすることになります。

（借方）寄　附　金 ＊＊＊ ／（貸方）繰　越　商　品 ＊＊＊

この仕訳の結果，平成22年８月期で，時価超過額は寄附金として計上されるものの損金不算入となります。つまり，寄附金が全額損金不算入である場合，この期の課税所得には影響はありません。一方，平成23年８月期では，期首棚卸資産の価額は時価超過額だけ減額され（図表２－６），同期の売上原価が同額分減少することになります。

【図表２－６】 平成22年８月期に遡及修正した場合の帰結

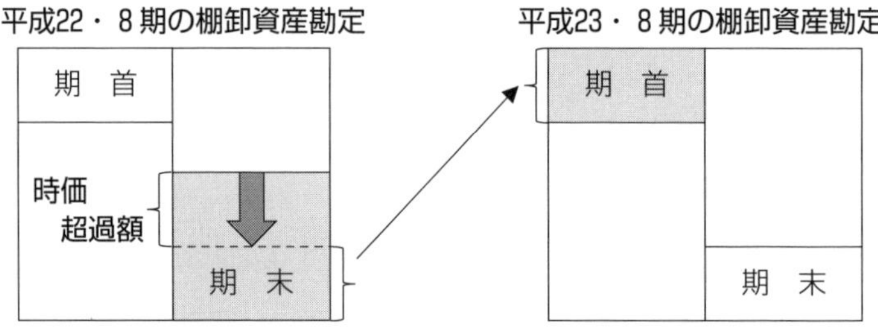

編集者　**つまり，遡及修正した場合は，期首棚卸資産の価額が減額される結果，平成23年８月期の売上原価が減少するということですね。**

はい，そうです。

次に，②の場合ですが，平成23年8月期において過年度損益修正損を相手勘定として期首棚卸資産の価額を減額することになるので，以下の仕訳をすることになります。

（借方）前期損益修正損　＊＊＊　／（貸方）繰　越　商　品　＊＊＊

その結果，①と同様に，売上原価の額は時価超過額だけ減額されますが，前期損益修正損は損金となるので，課税所得はプラスマイナス0になります。つまり，追加の課税所得は発生しないということになります。

編集者　①と②とでは，違う結果になるということですか？　でも，②の場合，前期損益修正損は寄附金としての性質を有するので，損金不算入ということになるのではないですか？

いえいえ，そうはならないです。その理由は，以下のとおりです。

まず，1つ目。先ほど見たように，「過年度損益修正損」というのは，会計上の「特別損失」であって，この会計上の損失計上が法人税法22条4項の「公正処理基準」に該当するということになれば，法人税法22条3項3号の「損失」に該当することになります。つまり，「寄附金」ではなくて，「過年度の損失」という性質を有することになります。

次に2つ目です。こちらの方が強い理由付けになります。

仮に，前期損益修正損が寄附金としての性質を有していると評価した場合であっても，**寄附金が損金不算入とされる事業年度は，条文上，支出時である旨が規定されています。**したがって，本事案において，②の処理によった場合の「前期損益修正損」が寄附金としての性質を有するとしても，支出時である平成22年8月期以外の事業年度では，損金不算入にはなりません。

編集者　そういえば，寄附金が，会計上，仮払金として処理されていても，税務上は，支出時の寄附金として損金不算入の対象としますね。

はい。それと同じ話です。寄附金の損金不算入時点は意外に重要なので，条文等を確認しながら説明したいと思います。

4　寄附金が損金不算入とされる事業年度はいつか？

まずは，寄附金の損金不算入を定めた規定をみてみましょう。法人税法37条1項です。

【参考】（寄附金の損金不算入）

法人税法第37条　内国法人が**各事業年度において支出した寄附金の額**（次項の規定の適用を受ける寄附金の額を除く。）**の合計額**のうち，その内国法人の**当該事業年度終了の時**の資本金等の額又は**当該事業年度**の所得の金額を基礎として政令で定めるところにより計算した金額を超える部分の金額は，当該内国法人の**各事業年度の所得の金額の計算上，損金の額に算入しない**。

（中略）

7　前各項に規定する**寄附金の額は**，寄附金，拠出金，見舞金その他いずれの名義をもつてするかを問わず，内国法人が金銭その他の資産又は経済的な利益の贈与又は無償の供与（広告宣伝及び見本品の費用その他これらに類する費用並びに交際費，接待費及び福利厚生費とされるべきものを除く。次項において同じ。）をした場合における当該金銭の額若しくは金銭以外の資産のその贈与の時における価額又は当該経済的な利益のその供与の時における価額によるものとする。（下線強調は筆者）

法人税法37条1項は，「**各事業年度において支出した寄附金の額**」のうち，一定の金額を超える金額は「**各事業年度の所得の金額の計算上，損金の額に算

入しない」という内容の規定ですので，寄附金として「支出した」それぞれの事業年度において損金不算入になると読むことになります。

また，法人税法施行令78条においても，寄附金が未払いの間は「支出」には該当しないという旨が規定されていることから，寄附金の損金不算入の前提となる寄附金は，**「支払」**があった場合に**「支出」**になるという建付けになっているということが言えます。

もっとも，日常用語としての「支出」には，「現金や物品の支払」という意味があるので，「支出」という言葉自体に「支払」という意味が含まれているようにも思われますが，法人税法施行令78条では，「支出」と「支払」は別の概念として扱っているようですね。ただ，いずれにしても，未だ支払っていない寄附金は，損金不算入の対象にはならないということです。

【参考】（支出した寄附金の額）

法人税法施行令第78条　法第37条第７項（寄附金の意義）に規定する寄附金の支出は，各事業年度の所得の金額の計算については，その支払がされるまでの間，なかつたものとする。

また，先ほど，寄附金を仮払処理した場合の話が出ましたが，それについては，法人税基本通達９－４－２の３で言及しています。既に寄附金を支払っているにもかかわらず，会計上，仮払金等として処理している場合は，「支出した」ものとして法人税法37条の対象になるということを言っています。

【参考】（仮払経理した寄附金）

法人税基本通達９－４－２の３　法人が各事業年度において支払った寄附金の額を仮払金等として経理した場合には，当該寄附金はその支払った事業年度において「支出した」ものとして法第37条第１項又は第２項《寄附金の損金不算入》の規定を適用することに留意する。

以上のように，法人税法37条等の規定から，寄附金は，会計処理のいかんにかかわらず，支払った事業年度において損金不算入になるということが導かれます。

編集者　なるほど。この通達の規定振りから，課税庁側も，実際に支払った時に寄附金の損金不算入になると考えているということがわかりますね。

はい。会計の場合は，支出済みであってもその詳細が不明であれば，仮払金として処理することは妥当な会計処理ですし，逆に，未払の場合でも，寄附金として費用処理することもできますから，法人税法37条１項及び法人税法施行令78条は，このような会計慣行に対する「別段の規定」ということになります。

ということで，寄附金が損金不算入とされる事業年度は，「支出時」＝「支払時」ということがわかりました。**したがって，本事案の場合に，平成23年８月期の「売上原価」を減額するためには，①の方法を採用した上で，時価超過額を支払った事業年度である平成22年８月期に遡及して是正する必要があるということになります。**

編集者　つまり，②の方法では法人税法37条１項が適用できないので，①の方法しかないわけですね。そうすると，本事案の場合は，平成22年８月期に遡及して処分していないので，時価超過額が寄附金の性質を有するとしても，平成23年８月期の売上原価を減額処分することはできないはずですね。

はい，そうです。でも，実際には，平成23年８月期に更正処分をしていますので，この処分は違法ということになります。

以上の検討から，本件において売上原価を減額するためには，上記①の方法で平成22年８月期に遡及修正することが必要であることが判明しましたが，ここで質問です。

この事実が，本件の訴訟係属中に判明した場合，課税庁は，改めて，平成22年８月期に遡って課税処分することができたのでしょうか？

編集者　平成23年８月期を対象とした更正処分に対して，既に，税務訴訟が係属しているのだとすると，改めての課税処分は無理なような気がしますが。

いえ，課税庁が，平成23年８月期の更正処分を取り消して，別途，平成22年８月期に更正処分をすることはできます。実際にそういう事案もあります。訴訟係属しているにもかかわらず，更正処分がやり直せるということ自体，問題だとは思いますが，裁判例上は，できるということになっています。ただ，できるとしても，さらに問題になるのが，**更正処分の期間制限に抵触しないか**という点です。

編集者　なるほど。そうすると，本事案でも平成22年８月期の更正処分について，期間制限に抵触した場合には，再度の更正処分ができなくなるということですね。

はい，そうです。本事案では，最終的に更正処分の期間制限の問題に行き着くので，課税庁が追加の争点に気付いた時点で，平成22年８月期に遡って是正できないということになれば，時価超過額が寄附金か否かという争点は吹っ飛んでしまいます。したがって，本事案では，期間帰属の争点を提示できれば，「納税者の勝ち」だったと思います。まともに裁判所が判断をすれば，ですけどね。

5　平成22年８月期の更正処分は，いつまでできたのか？

せっかくなので，本事案において，いつまでであれば，平成22年８月期の更正処分をすることができたのかについても，検討しましょう。

まずは，更正処分の期間制限を定めた条文を見ておきましょう。国税通則法70条1項1号です。

【参考】（国税の更正，決定等の期間制限）

国税通則法第70条　次の各号に掲げる更正決定等は，当該各号に定める期限又は日から5年（第2号に規定する課税標準申告書の提出を要する国税で当該申告書の提出があつたものに係る賦課決定（納付すべき税額を減少させるものを除く。）については，3年）を経過した日以後においては，することができない。

一　更正又は決定　その更正又は決定に係る国税の法定申告期限（還付請求申告書に係る更正については当該申告書を提出した日とし，還付請求申告書の提出がない場合にする決定又はその決定後にする更正については政令で定める日とする。）

二　課税標準申告書の提出を要する国税に係る賦課決定　当該申告書の提出期限

三　課税標準申告書の提出を要しない賦課課税方式による国税に係る賦課決定　その納税義務の成立の日

2　法人税に係る純損失等の金額で当該課税期間において生じたものを増加させ，若しくは減少させる更正又は当該金額があるものとする更正は，前項の規定にかかわらず，同項第1号に定める期限から10年を経過する日まで，することができる。

この国税通則法70条では，更正等の**「除斥期間」**を規定しています。

編集者　「除斥期間」ですか。「時効」ではないのですか？

いずれも期間制限ですが，「時効」の場合は「中断」できますが，「除斥期間」の場合はできません。「時効の中断」というのは，請求等によってこれまで進行してきた期間のカウントが途絶えてしまい，最初から時効期間がカウントされるということです。まあ，本事案とはあまり関係のないことなので，「除斥期間」を定めたものであると理解しておいてください。

では，実際に，本事案における平成22年８月期の更正処分の除斥期間満了日はいつだったのかについて検討していきましょう。

判決文の事実認定によれば，本事案の平成22年８月期においても，既に純損失が発生していたようです。平成23年８月期における更正処分前の申告内容をみると，所得金額が**マイナス１億4722万1023円**で，翌期へ繰り越す欠損金が**２億2754万4828円**となっていますので，平成22年８月期から繰り越された欠損金額は**8032万3805円**と考えられます。

編集者　そうすると，純損失を増加減少させる更正処分になるので，国税通則法70条２項で，除斥期間は「10年」ということですね。

いえ，**「７年」**です。先に引用した70条の条文は税制改正後のものなので，平成22年８月期に適用されるものを確認する必要があります。この条文は，平成23年12月に改正されているので，その改正前の条文を確認しましょう。

平成23年12月改正前の国税通則法70条２項では，純損失に係る除斥期間として，「７年」と規定されています。近時，国税通則法や法人税法などは，税制改正が頻繁に行われているので，具体的な事案に適用される時点の法令を確認しなければならないので，その点に気を付けてくださいね。

そうすると，平成22年８月期の確定申告に対する更正の期限は，法定申告期限である平成22年10月末日の翌日である11月１日から起算して７年になりますので，平成29年10月末日ということになります。一方，本事案の更正処分は，平成29年３月28日付けでなされていますから，その時点では，平成22年８月期の更正の除斥期間はまだ徒過していなかったことになります（**図表２－７**）。

本事案において，納税者が審査請求したのが平成29年６月なので，この時点でも更正処分はできました。しかし，審査請求に対して裁決があったのが平成

30年6月なので，この審査請求中の平成29年11月以降に，納税者側で期間帰属の問題提起をした場合，課税庁側は，平成22年8月期の更正処分をすることができなかったことになります。本事案が訴訟提起されたのが平成30年11月30日なので，訴訟係属後に，この争点を持ち出した場合にも，当然ながら，課税庁側は平成22年8月期の更正処分をすることができません。

【図表2－7】 平成22年8月期の更正除斥期間

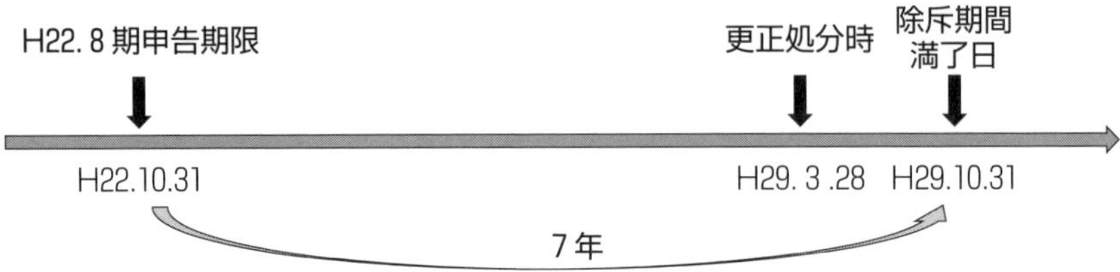

編集者　なるほど。このように，追加の争点を提示すれば，逆転する結果となったわけですね。争点を見つけ出すということの大事さが実感できました。

よかったです！　そのためにも，税務上の問題が持ち上がったら，面倒でも条文を緻密に検討することが肝要です。

6　本事案の結論と議論のまとめ

では，これまでの議論を振り返ってみましょう。

いくつかのステップを踏んだ議論になりましたので，本事案における議論を以下にまとめておきます。

【議論のまとめ】

① 法人税法上，「売上原価」が損金として算入されることは，22条3項1号で規定されている。

②　法人税法上，「売上原価」の額の算出に関しては，29条１項に規定されているが，当該規定は，売上原価の金額は期首棚卸資産の価額に期中での仕入額を足して期末棚卸資産の価額をマイナスして算出されるという建付けを前提としている。

③　したがって，「売上原価」の額の算定に当たっては，期首棚卸資産，当期仕入高及び期末棚卸資産の価額によって決定されることになる。

④　もっとも，本事案のように，前事業年度に取得した棚卸資産を当期に売却したような場合には，当期仕入額と当期末の棚卸資産の価額は関係ないので，期首棚卸資産の価額に着目すれば足りる。

⑤　加えて④の場合，期首棚卸資産の価額は，前事業年度の期末棚卸資産の価額をそのまま引き継ぐので，前事業年度における期末棚卸資産の価額だけに着目すれば足りる。

⑥　**いずれにせよ，「売上原価」の額を直接減額することはできない。**本事案では，平成22年８月期の期末棚卸資産の価額が，時価超過額分だけ課題となっていたので，これを是正する必要がある。

⑦　過年度誤りの是正方法には２つあるが，裁判上，いずれの方法によるかははっきりせず，場当たり的な対応となっている。

⑧　本事案の場合，遡及して是正するという方法をとった場合には，平成22年８月期に更正処分をする必要があるが，実際にはこの期に更正処分はなされていない。事後に更正処分をするとしても，除斥期間の末日である平成29年10月末日までにする必要があった。

⑨　前期損益修正損益によって是正する方法をとった場合には，前期損益修正損は，法人税法22条３項３号の「損失」に該当することから，「売上原価」の減額と相殺されて，課税所得に対する影響はない。

7　裁判所による判断の問題点

⑴　裁判所の判断構造

何度か触れましたが，本裁判例において，期間帰属の問題は争点にはなっていません。そこで，争点になっていないのは，判決のどの点に原因があったのかにつき，裁判所の判断を分析して推論してみます。

判決文を分析すると，裁判所の判断構造は，以下のような流れになっていることがわかります。

①「売上原価」は損金の額に算入される（法人税法22条３項１号）。

②「売上原価」は棚卸資産の「取得価額」を指す（**根拠条文の摘示なし**）。

③　棚卸資産の「取得価額」には「当該資産の購入の代価」が含まれるとされている（法人税法29条２項，法人税法施行令32条１項１号イ）。

④　棚卸資産の高額譲受けにおいても，時価との差額が「寄附金の額」と評価される場合には，法人税法上損金の額への算入が制限されることから，「売上原価」とは別の費用等になる。

⑤　よって，時価との差額は「売上原価」に該当せず，「当該資産の購入の代価」には含まれない。

⑵　問題点の指摘

以上の判断構造から，以下の問題点が浮かび上がってきます。

【問題点①】ロジックの流れがおかしい！

そもそも，④と⑤のロジックの流れがおかしいので，まずは，その点を指摘した上で，正しいロジックの流れに是正して検討を進めたいと思います。

この論証は，「売上原価」（①）→棚卸資産の「取得価額」（②）→「当該資産の購入の代価」（③）という流れになっているので，結論部分においてはこの流れとは逆に，時価超過分は「当該資産の購入の代価」にはならない**（③に対応）**→棚卸資産の「取得価額」にはならず「売上原価」にならない**（②に対応）**→「売上原価」として損金の額に算入されない**（①に対応）**，となるべきです。

しかし，実際には，④でいきなり「売上原価」にはならないとした上で，⑤で「売上原価」にならないので「当該資産の購入の代価」には含まれないとしており，ロジックの流れが「逆転」しています。

このようなロジックの流れのままだと分析検討しづらいので，あるべき流れに是正すると以下のとおりになります。

①　「売上原価」は損金の額に算入される（法人税法22条３項１号）。

②　「売上原価」は，棚卸資産の「取得価額」を指す（**根拠条文の摘示なし**）。

③　棚卸資産の「取得価額」には「当該資産の購入の代価」が含まれるとされている（法人税法29条２項，法人税法施行令32条１項１号イ）。

④　棚卸資産の高額譲受けにおいても，時価との差額が「寄附金の額」と評価される場合には，法人税法上損金の額への算入が制限されることから，時価超過分は「当該資産の購入の代価」にはならない。

⑤　時価との差額が，「当該資産の購入の代価」とならない以上，「売上原価」に該当しない。

⑥　時価との差額は「売上原価」として損金の額に算入されはしない。

【問題点②】②の根拠条文が摘示されていない！

この判示では，上の構造からわかるとおり，「『売上原価』は棚卸資産の『取得価額』を指す」との主張には，根拠条文が摘示されていません。既に検討したとおり，「売上原価」に関する別段の定めは法人税法29条1項しかないので，同項が根拠条文となるはずです。なお，③のところで法人税法29条2項は摘示されていますが，同項は，「棚卸資産の評価に関し必要な事項は，政令で定める」という委任規定に過ぎなので，法人税法施行令32条1項1号イを引用するための根拠規定というだけの意味にとどまります。

したがって，「『売上原価』は棚卸資産の『取得価額』を指す」という主張には法的な裏付けがありません。

素直に法人税法29条1項を読めば，「売上原価」の計算は，期末棚卸の評価額を基礎としていることがわかりますし，本事案では平成23年8月期の期末棚卸資産には本件土地は含まれていない（既に売却）ので，本件土地が含まれている期首棚卸資産の評価が問題となり，これは即ち，平成22年8月期の期末棚卸資産の評価なので，この事業年度の期末棚卸資産の評価の問題になるということがわかったはずです。

つまり，「売上原価」の根拠条文をないがしろにしたのが，**「つまずきの石」**ということです。

編集者　裁判官なのに，条文を正しく読めないなんてことがあるのですか？

う～ん。「正しく読めない」のかどうか，実際のところはわかりません。ただ，いろいろな裁判例を分析したり，税務訴訟の代理人となったりした私の経験からすると，税務訴訟の場合は，条文に基づいて解釈して導くというよりも，課税庁の主張が課税実務だと考えて，その主張を尊重して，結論先にありきの判断になっているのではないかという気がします。

【問題点③】複式簿記の発想が欠如している！

問題点②で指摘したとおり，そもそも「売上原価」＝「取得価額」という誤認に基づき，時価超過額を売上原価から直接控除できるという発想が間違っていたわけです。ただ，裁判所の誤認を前提としても，本件土地を売却した平成23年８月期において，本件差額が寄附金としての性質を有するので「売上原価」ではないのであれば，以下の税務調整の仕訳が立つはずです。

（借方）寄　　附　　金 ＊＊＊ ／（貸方）売　上　原　価 ＊＊＊

しかし，既に検討したとおり，寄附金の損金不算入規定が適用されるのは**「支出時」**なので，平成23年８月期において，寄附金として認定したとしても，別段の規定である法人税法37条が適用できないわけですから，法人税法22条４項に戻って損金性が判断されることになります。そして，企業会計上，寄附金は一般管理費になるので，結局，損金算入されるという帰結になるはずです。

編集者　なるほど。では，どうして，この判決ではそのような結論になってないのでしょうか？

思うに，裁判所だけでなく，そもそも課税庁の人が，過年度損益の是正が争点となった際に，複式簿記の発想を欠いているのではないかという気がします。私が実際にかかわった税務調査の事案でも，本事案と同じように土地の高額取得が問題となったのですが，その際も，その土地を売却した事業年度で否認し，単に，土地の取得価額から除外するというような思考をしていましたので。もしかしたら，訴訟になっていないだけで，多くの事案で同じような処分がされているのかもしれません。

8　本裁判例と根っこが同じ問題

本事案は，抽象的に言えば，資産の取得時（支出時）とその資産が費用化される時点が異なるため，**「期間帰属」**という争点が内在していました（図表２－８）。

そういう意味で，寄附金としての性質を有する支出だけでなく，交際費や使途不明金としての性質を有する支出が固定資産や棚卸資産等に含まれている場合にも，同様に問題となります。

【図表２－８】 支出の発生と費用化の事業年度が物別れになっている

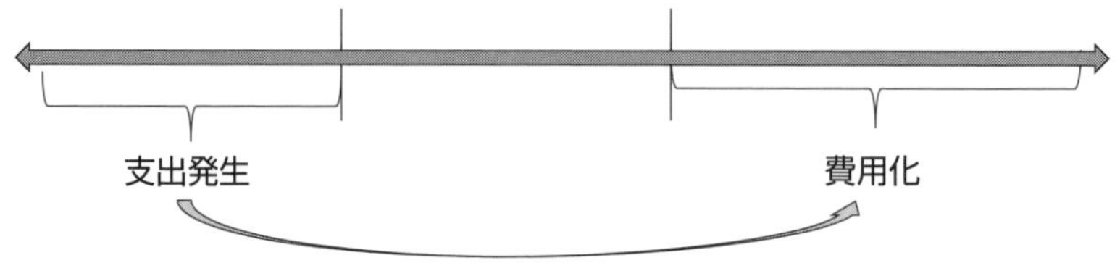

Ⅳ 本事案の検討を終えて

この裁判例の分析を通じて，①法的判断構造に従い，②事案に適用される根拠条文を確定し，③その条文が規定している内容を緻密に検討することで，突破口が見つかることを体感してもらえたのではないでしょうか。

次章では，本章でも概要を説明した過年度損益の是正方法が正面から争点となった事案を取り上げたいと思います。そこでも，実際に争点となっている以外の事項で決着がつくことをお見せしたいと思います。

お楽しみに！

第3章

一体，何が過年度の損益是正の「公正処理基準」なのか？

【素材】 ① 東京地裁平成27年9月25日判決（税資265号順号12725）
② 大阪地裁平成30年1月15日判決（判タ1458号139頁＜参考収録・原審＞）
③ 大阪高裁平成30年10月19日判決（判タ1458号124頁・②の控訴審）
④ 最高裁令和2年7月2日判決（判タ1484号44頁・②の上告審）

【ポイント】
- 法人税法22条4項の「公正処理基準」とは何か？
- 過年度損益の是正方法に関する2つの考え方
- 各裁判所の判断の流れを把握し問題点等を検証する
- 過年度における損益の是正方法の本質を考察する

本章で取り上げる下級審判決と最高裁判決は，いずれも，過年度における損益の誤りをいつの事業年度で是正すべきかという問題，つまり**「期間帰属」**の問題が争点となっています。法人税法の場合，この「期間帰属」の問題は，いかなる会計処理が法人税法22条4項の**「公正処理基準」**に該当するのか，と言い換えることができます。

この問題については前章で少し言及しましたが，**①国税通則法が更正等によって過年度に遡及して是正する旨の規定を置いていることを根拠として，過年度に遡及して是正する方法が「公正処理基準」であるという考え方と，②企業会計原則が前期損益修正処理の方法を規定していることから，前期損益修正処理が「公正処理基準」であるという考え方**の２つがあります。しかし，現状，いずれの方法が「公正処理基準」に該当するかの司法上の判断は出ていません。事案によって使い分けているというのが現状です。

この「公正処理基準」該当性問題は，前章で検討したようなアプローチ，つまり，根拠条文である法人税法22条４項の「一般に公正妥当と認められる会計処理の基準」という文言を文理解釈するだけでは解決できません。というのも，「一般に公正妥当と認められる会計処理の基準」という言葉の意味自体は明確なのですが，その対象となる「一般に公正妥当と認められる会計処理」が複数あり得るからです。

そこで，以下では，過年度損益の是正方法が争点となった近時の裁判例を素材として取り上げ，各判決における判断を分析・検討することを通じて，当該争点に対する解釈の在り方及び統一的な判断枠組みを，私見ではありますが，導き出したいと思います。

なお，同じ争点に対する複数の判決を分析検討することで，判決文の読解力も鍛えられると思いますので，是非，チャレンジしてください。

Ⅰ　まずは過年度の外注費計上漏れを前期損益修正損として是正することの可否が争点となった東京地裁平成27年９月25日判決を検討する

東京地裁平成27年９月25日判決は，運送事業を営む株式会社である納税者が，平成21年３月期の法人税の確定申告において，平成12年から平成13年までの間に役務の提供を受けたものの，計上が漏れていた外注費約980万円を損金の額に算入したところ，課税庁が，当該外注費は平成21年３月期の損金の額に算入することはできないとして，更正処分等を行った事案です。

裁判所が設定した争点は「本件外注費は，平成21年３月期の損金の額に算入されるか否か」ですが，実質的には，納税者が平成21年度３月期に行った前期損益修正処理が「公正処理基準」に該当するか否かが争点となります。

1　裁判所の判断

では，裁判所の判断を見てみましょう。

「１　争点１（本件外注費は，平成21年３月期の損金の額に算入されるか否か）について

(1)　法人税法22条は，１項において，法人の各事業年度の所得の金額は，当該事業年度の益金の額から当該事業年度の損金の額を控除した金額とする旨を定め，３項において，法人の各事業年度の所得の金額の計算上当該事業年度の損金の額に算入すべき金額は，別段の定めがあるものを除き，①当該事業年度の収益に係る売上原価，完成工事原価その他これらに準ずる原価の額（１号），②①に掲げるもののほか，当該事業年度の販売費，一般管理費その他の費用（償却費以外の費用で当該事業年度終了の日までに債務の確定しないものを除く。）の額（２号），③当該事業年度の損失の額で資本等取引以外の取引に係るもの（３号）とする旨を定め，４項において，上記の損金の額は，一般に公正妥当と認められる会計処理の基準（公正処理基準）に従って計算されるものとする旨を定めている。

また，同条４項は，同法における所得の金額の計算に係る規定及び制度を簡素なものとすることを旨として設けられた規定であると解されるところ，『一般に公正妥当と認められる会計処理の基準』との規定の文言にも照らすと，現に法人のした収益等の額の計算が，法人税の適正な課税及び納税義務の履行の確保を目的（同法１条参照）とする同法の公平な所得計算という要請に反するものでない限りにおいては，法人税の課税標準であ

る所得の金額の計算上もこれを是認するのが相当であるとの見地から定められたものと解され（最高裁平成４年（行ツ）第45号同５年11月25日第一小法廷判決・民集47巻９号5278頁参照），**法人が収益等の額の計算に当たって採った会計処理の基準がそこにいう『一般に公正妥当と認められる会計処理の基準』（公正処理基準）に該当するといえるか否かについては，上記に述べたところを目的とする同法の独自の観点から判断されるものと解するのが相当である。**

そして，このような見地から法人税法の課税所得における損金の計算についてみると，一般に，同法22条３項１号に規定する，特定の収益との対応関係を明らかにできる売上原価等については，その収益が計上された事業年度に，同項２号に規定する販売費，一般管理費等については，発生した事業年度に，同項３号の損失については，損失の発生した事業年度に，それぞれ損金の額として算入されるべきものと解するのが相当である。

⑵　以上を前提として本件についてみると，前記前提事実⑴アないしウのとおり，原告は，一般小型貨物自動車運送事業を営む法人であり，本件外注費は，本件外注先からトラック乗務員の派遣を受けたことに対する対価であるから，これは，原告の営む運送事業の収益を得るために直接要する費用であって，当該運送事業の収益に係る売上原価等の原価に該当するものと認められる。

そして，証拠（乙１）によれば，本件外注費は，平成12年11月から平成13年10月までの間に本件外注先が原告に派遣した従業員に係る給与の合計額に基づいて算定されており，原告の平成21年３月期の総勘定元帳には，本件外注費を計上した上で，その摘要欄に『Ｈ13計上漏れ　昭和商業』と記載されていることが認められることからすると，原告が本件外注費に係る役務の提供等を受けたのは，平成12年11月から平成13年10月までの間であると認められる。

したがって，本件外注費は，平成21年３月期において，当該事業年度の収益に係る売上原価，完成工事原価その他これらに準ずる原価の額（法人税法22条３項１号）に該当するということはできない。

⑶　これに対し，原告は，本件外注費のように，過年度の外注費として計上すべきところ，何らかの原因により計上漏れとなったような場合，計上漏れを認識した決算期において，前期損益修正項目として費用計上する処理が企業会計上の慣行として広く受け入れられているから，そのような処理は，公正処理基準に該当し，法人税法上も前期損益修正損として損金の額に算入することとしても違法なものではないなどと主張するので，以下検討する。

ア　前記⑴で述べたような法人税法22条４項の趣旨に照らすと，企業会計の慣行として広く行われている処理であっても，適正な課税及び納税義務の履行の確保を目的とする同法の所得計算という要請に反する場合には，公正処理基準に該当するということはできず，公正妥当であるとはいえないものとして，法人税法上採用することができないものというべきである。

イ　そして，企業会計においては，会計方針の変更や誤謬の発見などにより，翌期以後になってから過去の利益計算を修正した方がよいと考えられる場合でも，遡って決算をやり直すのではなく，前期損益修正として，過去の損益を特別損益項目に計上して処理することが慣行として広く行われてきたとしても（乙７，８の１及び２，16，17。企業会計原則第二の六，同注解12参照），**このような企業会計上の慣行は，当初の株主総会での承認や報告を経て確定した財務諸表は，配当制限その他の規制や各種の契約条件の遵守の確認及び課税所得の計算に利用されているから，過去の財務諸表を遡って修正処理することになれば，利害調整の基盤が揺らぐことになるという企業会計固有の問題に基づくものであると考えられる。**

ウ　これに対し，ある事業年度に損金として算入すべきであったのにそれを失念し，それを後の事業年度に発見したという単なる計上漏れのような場合において，企業会計上行われている前期損益修正の処理を法人税法上も是認し，後の事業年度で計上することを認めると，本来計上すべきであった事業年度で計上することができるほか，計上漏れを発見した事業年度においても計上することが可能となり，同一の費用や損失を複数の事業年度において計上することができることになる。**こうした事態は，恣意の介在する余地が生じることとなり，事実に即して合理的に計算されているともいえず，公平な所得計算を行うべきであるという法人税法上の要請に反するものといわざるを得ないのであって，法人税法がそのような事態を容認しているとは解されない**。

エ　また，法人税法上，修正申告や更正の制度があり，後に修正すべきことが発覚した場合，過去の事業年度に遡って修正することが予定されているのであって，企業会計上固有の問題に基づき行われているにすぎない前期損益修正の処理を，それが企業会計上広く行われているという理由だけで採用することはできないというべきである。

オ　そうすると，単なる計上漏れのように，本来の事業年度で計上すべきであった損益を，後の事業年度において，前期損益修正として計上するような処理を公正処理基準に該当するものとして認めることはできないといわざるを得ない。

(4)　以上によれば，本件において，本件外注費は，平成12年11月から平成13年10月までの役務の提供等を受けた対価であって，これを原価として生じた収益を計上した事業年度に損金として計上しておくべきであったことは明らかであり，平成21年３月期において損金として計上することを，公正処理基準に該当するものとして認めることはできないから，本件外注費を平成21年度３月期において損金として算入することは，法人税法上認められないものといわざるを得ない。」（下線強調は筆者）

2　判決内容を分析しよう

(1)　外注費に関する根拠条文を確認する

前章でやったように，まずは，外注費の損金算入を規定した根拠条文について確認しましょう。法人税法の何条でしょうか？

編集者　もう引っ掛かりませんよ。外注費に「別段の定め」はないので，法人税法22条３項と４項が根拠条文になりますね。

はい，そうです！　外注費そのものの「別段の定め」はありませんし，この事案の場合，納税者は運送業を営む会社だったので，ここでの外注費は「売上原価」に該当しますが，前章の事案のように「棚卸資産」ではないので，法人税法29条も関係ありません。また，過年度に発生した「売上原価」の計上漏れについて是正する方法についても，法人税法上，「別段の定め」がないことは，前章で説明したとおりです。

編集者　そこで，法人税法22条４項の「公正処理基準」該当性の話になるということですね。

はい。前章では，この「公正処理基準」について，詳しい説明を留保していましたので，ここでその説明をしたいと思います。

⑵　法人税法22条４項の「公正処理基準」とは何か？

いわゆる「公正処理基準」という考え方が出てきたのは，大竹貿易事件と呼ばれる最高裁平成５年11月25日判決（判タ842号94頁）です。もっとも，この最高裁判決では「公正処理基準」という名前を付けてはいませんが，その後の裁判例では，大竹貿易事件で提示された考え方を「公正処理基準」と呼んでいます。

まずは，大竹貿易事件の判決を読んで，どのような考え方であるかを把握しましょう。

> 「法人税法上，内国法人の各事業年度の所得の金額の計算上当該事業年度の益金の額に算入すべき金額は，別段の定めがあるものを除き，資本等取引以外の取引に係る収益の額とするものとされ（22条２項），当該事業

年度の収益の額は，一般に公正妥当と認められる会計処理の基準に従って計算すべきものとされている（同条４項)。したがって，ある収益をどの事業年度に計上すべきかは，一般に公正妥当と認められる会計処理の基準に従うべきであり，これによれば，収益は，その実現があった時，すなわち，その収入すべき権利が確定したときの属する年度の益金に計上すべきものと考えられる。**もっとも，法人税法22条４項は，現に法人のした利益計算が法人税法の企図する公平な所得計算という要請に反するものでない限り，課税所得の計算上もこれを是認するのが相当であるとの見地から，収益を一般に公正妥当と認められる会計処理の基準に従って計上すべきものと定めたものと解されるから，**右の権利の確定時期に関する会計処理を，法律上どの時点で権利の行使が可能となるかという基準を唯一の基準としてしなければならないとするのは相当でなく，取引の経済的実態からみて合理的なものとみられる収益計上の基準の中から，当該法人が特定の基準を選択し，継続してその基準によって収益を計上している場合には，法人税法上も右会計処理を正当なものとして是認すべきである。しかし，その権利の実現が未確定であるにもかかわらずこれを収益に計上したり，既に確定した収入すべき権利を現金の回収を待って収益に計上するなどの会計処理は，一般に公正妥当と認められる会計処理の基準に適合するものとは認め難いものというべきである。」(下線強調は筆者)

編集者　何を言っているのか，ピンときませんね。

判決の言い回しは慣れないとわかりにくいですからね。引用した判決文のうち，下線強調したところが「公正処理基準」の解釈部分に該当しますが，要は，企業会計基準等に定める会計処理が，そのまま法人税法22条４項の「一般に公正妥当と認められる会計処理の基準」に該当するわけではありませんよ，ということです。そして，その会計処理が「法人税法の企図する公平な所得計算という要請に反するものでない」というフィルターを通してOKであった場合にのみ，「公正処理基準」に該当するということを言っています。

編集者　そうなのですか。でも，「法人税法の企図する公平な所得計算という要請に反するものでない」という要件は，法人税法22条４項には書かれていませんよね。

はい，どこにも書かれてはいません。したがって，この最高裁の解釈は，「文理解釈」ではなく「目的論的解釈」によって要件を付加したということと同じです。つまり，**縮小解釈**ということですね。ただ，近時の会計は相当複雑化しているので，単純に，会計基準＝「公正処理基準」という考え方も無理がある気もします。

編集者　そうだとしても，「法人税法の企図する公平な所得計算という要請に反するものでない」ということ自体がそもそも曖昧なので，一体，どうやって判断したらいいかわからないですね。

はい，そのとおりです。ご指摘のとおり，「法人税法の企図する公平な所得計算」という判断基準はそもそも曖昧ですし，これ以上の具体的な判断基準が示されていないので，課税庁や裁判所によって恣意的な判断がなされるおそれがあります。大体において，「公平な所得計算」というフレーズが出た時には，**課税の方向に判断**される傾向があります。

このように，大竹貿易事件で解釈された「公正処理基準」というのは，そもそも企業会計基準等に定める会計処理を**「ふるいにかける」**概念なので（図表３－１），納税者の選択した会計処理では，課税庁が想定している会計処理よりも所得額が少なくなってしまうような場合に，これを否定するために用いることができます。

【図表3－1】「公正処理基準」によってふるいにかける仕組み

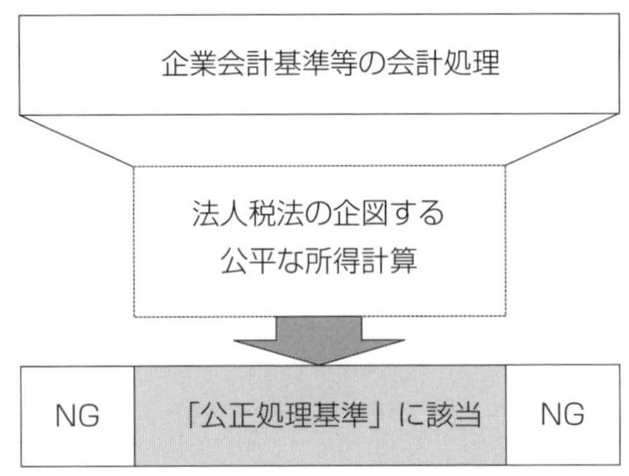

もっとも，この「公正処理基準」該当性の解釈は，裁判上定着しているので，いまさら争っても変更されないでしょうね。したがって，争うべきは，この考え方を前提として，前期損益修正に関する「公正処理基準」該当性をいかに判断するかというのが主戦場になります。

編集者　なるほどです。

(3) 裁判所の判断の骨子

それでは，本事案に戻って，裁判所の判断の流れを追ってみましょう。法人税法22条4項の「公正処理基準」の解釈は大竹貿易事件の判断を引用していますので，それより後の部分から見ていきましょう。

【議論の骨子】

① 法人税法22条3項1号に規定する「売上原価」等は，その収益が計上された事業年度に損金の額として算入すべきと解される。本件外注費の役務提供は平成12年から平成13年の間である。

② よって，本件外注費は，平成21年3月期の「売上原価」等には該当しな

い。

③　一方，原告の主張する前期損益修正項目として計上する処理は，企業会計固有の問題に基づくものに過ぎず，また，選択的に計上時期を決められることになると，恣意の介入する余地が生じることになる。

④　また，法人税法上，修正申告や更正の制度があり，過去に遡及して修正することが予定されている。

⑤　よって，前期損益修正処理は，「公正処理基準」には該当しない。

上記①は，「費用収益対応の原則」を根拠にして，売上原価は，これに対応する収入が計上された時期に計上すべきということを言っています。

また，上記③と④は，会計の場合は確定決算を遡及して修正できないけれど，法人税の場合は遡及できるのであるし，前期損益修正処理を認めることの弊害もあるというものです。まあ，それなりに合理的な理由ではあると思います。

編集者　更正処分や更正の請求等の遡及修正は，国税通則法で明文規定されていますからね。遡及修正の方が優先すると言われれば，それなりに納得します。

そうですね。つまり，この判決は，前章で説明したように，①国税通則法が更正等によって過年度に遡及して是正する旨の規定を置いていることを根拠として，過年度に遡及して是正する方法が「公正処理基準」であるという考え方と言えます（図表２－５参照）。

実際，売上の計上漏れ等のような事案の場合には，当然のごとく，過年度に遡及して更正処分がされますね。また，更正の除斥期間が徒過していたからと言って，遡及する代わりに，過年度損益修正益として更正処分されることもありません。つまり，このような事案においては，課税実務上も，国税通則法の更正等の規定を，企業会計原則上の前期損益修正処理よりも優先しているということです。したがって，過年度の損益の誤りを，当該年度に遡及して是正するという考え方について，「公正処理基準」該当性を否定することは困難だと思います。

編集者　確かに，遡及修正を全面的に否定すると，過年度の更正処分はできなくなりますね。

はい。そうなると，国税通則法24条は空文化してしまいます。

では，ここで，条文解釈ルールに従って解釈した場合，①の考え方が導出されることを説明したいと思います。

目的論的解釈をする場合であっても，趣旨目的から無制限に拡大解釈や縮小解釈が許容されるわけではありません。文理によって制約されることは当然ですし，他の法令等との整合性を保たなければならないという制約もあります（図表３－２）。

【図表３－２】 目的論的解釈における制約

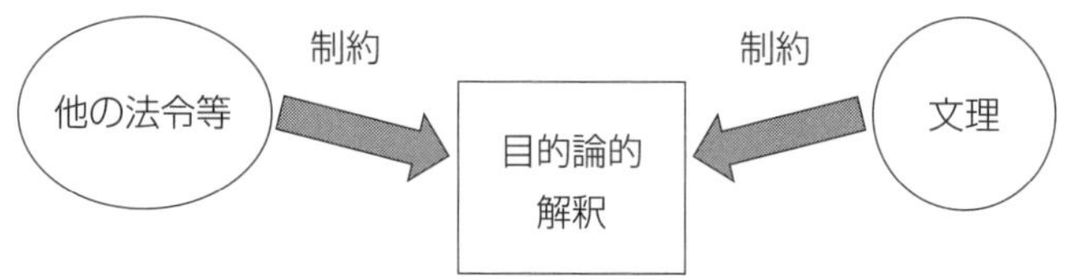

編集者　条文の解釈には，他の法令も影響するのですか。

はい。この点について，林修三『法令解釈の常識』（日本評論社・1975年）111頁は，以下のように説明しています。

「すなわち，それぞれの法令は，決して他の法令と無関係に存在しているものではなく，それぞれの法令は，全体として国の法秩序の一部をなし，これらがすべて相集まって一つの統一的な法秩序というものを作り上げているのであるから，個々の法令の規定を解釈する場合にも，常に，他の法令との関係に注意し，法秩序全体の調和をみださないようにしなければならないのである。」

したがって，過年度の損益の是正方法の「公正処理基準」該当性を考える際にも，他の法令，つまり，国税通則法との調和を考える必要があります。

編集者　なるほどですね。条文解釈にはこういうルールもあったのですね。

はい。加えて，前述のとおり国税通則法という法令は，この法令が制定される以前は，各税法において，バラバラに規定されていたものを，各税法に共通する事項を統一的に取りまとめて規定したものなので，各税法の規定の前提ともいうべき法令ですから，なおさら，国税通則法との調和的解釈は要求されることになります。

【図表３－３】　国税通則法と各税法との関係

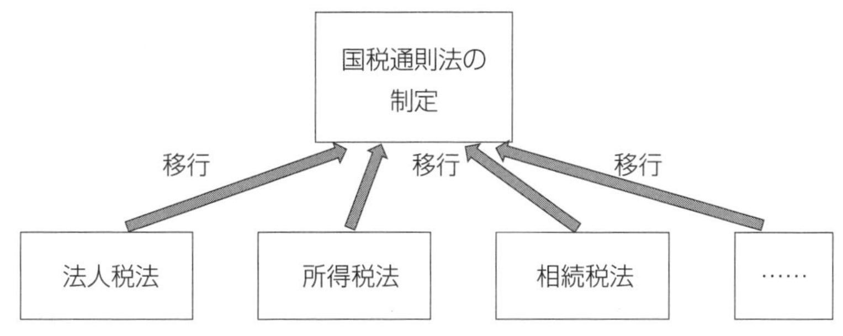

この解釈ルールを前提とすると，国税通則法において更正等の規定が置かれ

ているということから，過年度の損益の誤りは，遡及して修正されるべきであると解釈することには合理性があると言えます。その他に遡及修正を積極的に否定する理由がない以上，これを否定することは無理があると思います。

とすると，過年度の損益の是正方法に関する実質的な争点は，①遡及修正を原則として，②過年度損益修正処理の方法によることも**「許容」**されるか否かの問題ということになるはずです。

編集者　なるほど。こう考えると整理されますね。外注費の事案は，会社が行った②の方法が許容されないと判断した事案ということですね。

はい，そうです。ただし，もう1点考慮しなければならないことがあります。会計基準上，遡及しないで処理する旨が定められている場合又は会計慣行として確立しているような会計処理がある場合です。このような場合は，企業会計原則に規定する過年度損益修正処理に対する特別の規定ということになりますから，特別の規定の方が優先されることになります。

以上をまとめると，**図表３－４**のとおりになります。②の場合，大竹貿易事件の解釈からは，「法人税法の企図する公平な所得計算」という判断基準で否定され，①に戻る可能性もありますが，これは個々の事案で異なる判断になりますので，ここでは立ち入らないこととします。

【図表3－4】　過年度損益の是正に関する考え方

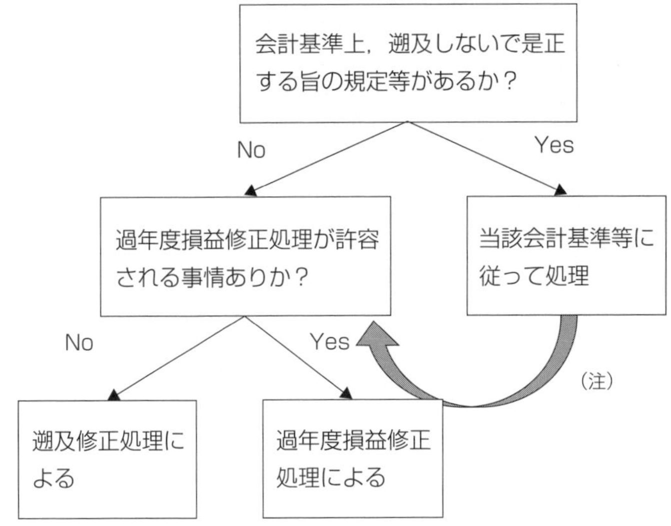

(注)「法人税法の企図する公平な所得計算」に反する場合

では，以上の整理を前提として，過年度損益の是正方法が「公正処理基準」に該当するかが争点となった過払金の還付に関する裁判例を3件検討しましょう。

Ⅱ　過払金の還付に関する裁判例を検討する

過払金の還付に関する裁判例は，過年度の処理自体が当時から誤っていた外注費の事案とは異なり，当時は正しい処理であったという点に特殊性があります。

本事案では，消費者金融会社が過去に受領し益金として計上した制限超過利息，いわゆるグレーゾーン金利が対象となります。当該過去に計上したグレーゾーン金利に関し，これが無効であることが確定した額をいつの時点で是正すべきか，というのが具体的な争点です。つまり，最初は収益計上が誤っていたわけではなく，後発的に無効となったことによって是正が必要となったという点で，外注費の事案とは異なります。

当該争点について争われた裁判例については，本章で検討する株式会社クラヴィス（以下「クラヴィス」といいます）が原告となっている事件（以下「クラヴィス事件」といいます）以外にも，TFK株式会社（旧武富士）が原告となっているもの（以下「TFK事件」といいます）があります。ただ，TFK事件の方は，地裁と高裁が同じ内容の判断であって，かつ，最高裁の判決が出ていませんが，一方，クラヴィス事件の方は，地裁と高裁の判断が異なり，さらに，最高裁で高裁判決をひっくり返しているので，こちらの方が分析の素材として興味深いです。

全体を概観する目的で，クラヴィス事件の地裁，高裁，最高裁の各判断と採用した是正方法について，まとめておきます（図表３－５）。

【図表３－５】　クラヴィス事件における各裁判所の判断

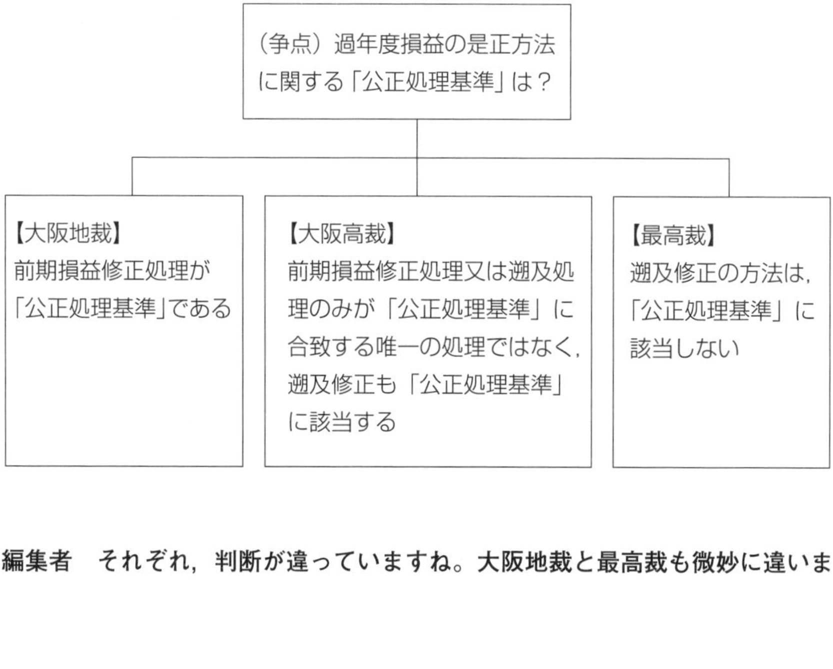

（争点）過年度損益の是正方法に関する「公正処理基準」は？

【大阪地裁】
前期損益修正処理が「公正処理基準」である

【大阪高裁】
前期損益修正処理又は遡及処理のみが「公正処理基準」に合致する唯一の処理ではなく，遡及修正も「公正処理基準」に該当する

【最高裁】
遡及修正の方法は，「公正処理基準」に該当しない

編集者　**それぞれ，判断が違っていますね。大阪地裁と最高裁も微妙に違いま**

すね。

はい。遡及修正を認めないという結論においては，大阪地裁も最高裁も同じですが，検討の対象が違っています。後で指摘しますが，この違いは論理的に重要です。

また，高裁の方は，いずれか一方だけが「公正処理基準」ではないとする一般論を述べた上で，本件では，会社の選択した遡及修正が「公正処理基準」に該当するという判断を下しています。

まずは，事件の概要を見た上で，地裁の判断から順に検討しましょう。

1　クラヴィス事件の概要

最高裁平成18年１月13日判決が，制限超過利息に対するいわゆる「みなし弁済規定」を厳格に解する旨の判断を言い渡したところ，これを契機として，クラヴィスに対する過払金返還請求が急増したことから，クラヴィスの業績は，平成19年３月期には赤字に転じ，その後には貸金業を廃止して既存債権の回収業務のみを行っていました。しかし，その後も業績が回復しなかったことから，平成24年７月５日に大阪地裁に対して破産手続開始の申立てをし，同日，破産手続開始決定がなされました。その後の破産手続において，過払金返還債務が確定したことにより，破産管財人が，当該過払金返還債務に対応する平成７年度から平成17年度までの期間について，当該仮払金返還債務に対する制限超過利息につき，当該期間の益金の額を減額修正すべきであるとして，国税通則法23条に基づき更正の請求をしたところ，所轄税務署長は，更正をすべき理由がない旨の通知処分をしたことから，破産管財人がこれを不服として争いました。これが，本件の事案の概要です。

2　大阪地裁平成30年１月15日判決を検討する

(1)　裁判所の判断

大阪地裁判決のうち，裁判所の判断部分を引用しますが，少々長いので一部省略します。

「1　争点(1)（本件過払金返還債権1が破産債権者表に記載され，当該債権に係る不当利得返還義務が確定判決と同一の効力により確定したことをもって，本件各更正の請求が通則法23条1項及び2項所定の要件を満たすか）について

(1)　通則法23条2項は，納税申告書を提出した者又は同法25条（決定）の規定による決定を受けた者は，同法23条2項各号のいずれかに該当する場合（納税申告書を提出した者については，当該各号に定める期間の満了する日が同条1項に規定する期間の満了する日後に到来する場合に限る。）には，同項の規定にかかわらず，当該各号に定める期間において，その該当することを理由として同項の規定による更正の請求をすることができる旨を規定し，同条2項1号は，『その申告，更正又は決定に係る課税標準等又は税額等の計算の基礎となった事実に関する訴えについての判決（判決と同一の効力を有する和解その他の行為を含む。）により，その事実が当該計算の基礎としたところと異なることが確定したとき　その確定した日の翌日から起算して2月以内』を掲げている。このように同項が，納税申告書を提出した者において同項による更正の請求をすることができる期間につき，同項各号に定める期間の満了する日が同条1項による更正の請求をすることができる期間の満了する日後に到来する場合に限定している趣旨は，同条2項各号所定の事由が生じたとしても，それが同条1項所定の期間内であれば，同項による更正の請求をすることができることにあるものと解される。そうすると，**同条2項は，納税申告書を提出した者に関しては，同項各号に定める納税申告書提出後又は法定申告期限後の後発的事由が生じた場合に，同条1項による更正の請求の期間制限について特例を設ける趣旨であると解されるから，納税申告書を提出した者が同条2項による更正の請求をする場合にも，同条1項各号のいずれかの事由に該当することが必要となるというべきである。**

そして，通則法23条１項１号は，更正の請求ができる場合として，①納税申告書に記載した課税標準等若しくは税額等の計算が国税に関する法律の規定に従っていなかったこと又は②当該計算に誤りがあったことにより当該申告書の提出により納付すべき税額が過大であるときを規定するところ，課税標準等及び税額等の計算という課税の実体的要件は，法人税法等の租税実体法が定めていることからすれば，本件においては，課税標準等若しくは税額等の計算が法人税法の規定に従っていなかったか否か又は法人税法の規定に照らして当該計算に誤りがあったか否かを検討すべきである。

⑵ア　本件では，制限超過利息を収受した法人が，当該利息を益金の額に算入して申告を行い，その後の事業年度に，当該利息が私法上は無効な利息の契約に係るものであることにより当該利息及びこれに対する過払利息に係る不当利得返還義務を負うことが確定判決と同一の効力を有する破産債権者表により確定（破産法124条等参照）した場合において，前記申告に通則法23条１項１号の事由があるといえるか否かが問題となっている。そこで，法人税法における益金及び損金の額の計算方法についてみると，法人税法22条は，法人の各事業年度の所得の金額は，当該事業年度の益金の額から当該事業年度の損金の額を控除した金額であるとした上で（同条１項），益金の額に算入すべき金額を，資産の販売，有償又は無償による資産の譲渡又は役務の提供，無償による資産の譲受けその他の取引で同条５項所定の資本等取引以外のものに係る当該事業年度の収益の額とし（同条２項），損金の額に算入すべき金額を同条３項各号に掲げる当該事業年度の収益に係る売上原価その他の原価，当該事業年度の費用又は損失（以下，同項各号掲記のものを併せて『費用等』という。）の額とし（同条３項），当該事業年度の収益の額及び費用等の額は，一般に公正妥当と認められる会計処理の基準（公正処理基準）に従って計算されるものとする旨を規定する（同条４項）。

このように，法人税法22条４項は，当該事業年度の益金に算入すべき収益の額及び損金に算入すべき費用等の額は公正処理基準に従って計算される旨を規定しているから，法人の事業活動により生じた経済的成果や当該成果を得るための支出，当該成果の喪失等がいずれの事業年度の収益又は費用等に該当するかは公正処理基準に従って判定すべきである。そして，同項は，法人税法における所得の金額の計算に係る規定及び制度を簡素なものとすることを旨として設けられた規定であると解されるところ，『一般に公正妥当と認められる会計処理の基準』という規定の文言にも照らすと，現に法人のした収益等の額の計算が，法人税の適正な課税及び納税義務の履行の確保を目的（同法１条参照）とする同法の公平な所得計算という要請に反するものでない限りにおいては，法人税の課税標準である所得の金額の計算上もこれを是認するのが相当であるとの見地から定められたものと解され（最高裁平成４年（行ツ）第45号同５年11月25日第一小法廷判決・民集47巻９号5278頁参照），**法人が収益等の額の計算に当たって採った会計処理の基準が『一般に公正妥当と認められる会計処理の基準』（公正処理基準）に該当するといえるか否かについては，前記に述べたところを目的とする同法の独自の観点から判断されるものと解するのが相当である。**

そこで，以下，制限超過利息を収受した法人が，当該利息を益金の額に算入して申告を行い，その後の事業年度に，当該利息が私法上は無効な利息の契約に係るものであることにより当該利息及びこれに対する過払利息に係る不当利得返還義務を負うことが確定判決及びこれと同一の効力を有するもの（以下，併せて『判決等』という。）により確定した場合の所得計算に関する公正処理基準について検討する。

イ㈠　証拠（乙１，２）及び弁論の全趣旨によれば，**企業会計原則においては，過去の利益計算に修正の必要が生じた場合に，過去の財務諸表を修正することなく，要修正額を前期損益修正として当期の特別損益項目に計上する方法を用いる旨が定められていることが認められる**。そうすると，企業会計原則によれば，制限超過利息を収受した法人が，財務諸表において当該利息を収益（法人税法上の益金）に計上した後，その後の事業年度に，当該利息が私法上は無効な利息の契約に係るものであることより当該利息及びこれに対する過払利息に係る不当利得返還義務を負うこととなった場合には，過年度の収益を減算することなく，前記義務に係る損失が生じた年度において，前期損益修正により損失（法人税法上の損金）を計上することとなる。

ここで，法人税法上の益金とは，資本等取引以外の取引に係る当該事業年度の収益であり（同法22条２項），取引によって実現した収益は，当該取引の有効・無効を問わず，全て益金に含まれると考えられるのであって，制限超過利息を収受した法人が，当該利息につき私法上は無効な利息の契約に係るものであることにより当該利息及びこれに対する過払利息に係る不当利得返還義務を負う場合であっても，当事者間において約定の利息・損害金として収受され，貸主である当該法人において当該制限超過部分が元本に充当されたものとして処理することなく，依然として従前どおりの元本が残存するものとして取り扱っている以上，当該制限超過部分をも含めて，現実に収受された約定の利息・損害金の全部は益金の額に算入され，当該法人の所得として課税の対象となるものと解される（最高裁昭和46年判決，最高裁昭和46年11月16日第三小法廷判決・刑集25巻８号938頁参照）。そうすると，制限超過利息を収受した法人が当該利息を益金の額に算入した当初の申告は，法人税法に照らして正当な計算に基づくものであるということができる。

そして，法人税法は，法人の財産及び損益の計算の単位となる期間で，法令で定めるもの若しくは法人の定款等に定めるもの又はこれらに準ずるものを事業年度とした上（同法13条１項），法人について各事業年度の所得の金額を課税標準として課税するものとし（同法21条），法人は，確定した決算に基づき各事業年度の課税標準である所得の金額及び当該所得の金額につき計算した法人税の額等を記載した申告書を提出しなければならない旨を規定し（同法74条１項），事業年度により反復継続する事業活動の期間を区切り，確定した決算に基づき，所得を計算することとしている。そうすると，前記のとおり，制限超過利息を当該利息が収受された事業年度の収益に計上することが法人税法に照らして正当な計算といえる場合において，その後の事業年度に，当該利息が私法上は無効な利息の契約に係るものであることにより当該利息及びこれに対する過払利息に係る不当利得返還義務を負うことが判決等により確定したときには，当該義務に係る損失が生じた日の属する事業年度において，不当利得として返還すべき利息を損金と取り扱い，前記に説示した企業会計原則における前期損益修正と同様の処理をすることが，事業年度による期間損益計算に基づいて課税を行うという法人税法の所得計算及び課税の在り方に合致するものといえる。

(イ) **この点に関し，所得税法51条２項及び同法施行令141条２号は**，事業所得等（居住者の営む事業所得，不動産所得又は山林所得）を生ずべき事業について，事業所得等の金額の計算の基礎となった事実のうちに含まれていた無効な行為により生じた経済的成果がその行為の無効であることに基因して失われ，又はその事実のうちに含まれていた取り消すことのできる行為が取り消されたことにより生じた損失で，事業所得等を生ずべき事業の遂行上生じたものの金額は，その者のその損失の生じた日の属する年分の前記各所得の金額の計算上，必要経費に算入する旨を規定し，事業所得等について，前記(ア)に説示した法人所得における処理と同様の処理を定めている。所得税法が，事業所得等についてこのような処理を採用しているのは，事業所得等が，反復継続する事業活動の期間を区切り，所得を計算するものとしていることから，当該処理が合理的なものとされたためであると考えられる。そうすると，所得税法の前記規定は，事業所得等と同様に反復継続する事業活動の期間を区切って所得を計算する方法を採る法人税においても，前記(ア)に説示したとおりの処理を採用することが法人税法上も合理的であることを裏付けるものであるということができる。

ウ　そこで，更に，前記イで検討した前期損益修正による処理が解散した法人についても妥当するかについてみると，旧法人税法５条は，解散した法人に関し，清算所得について清算所得に対する法人税を課する旨を規定していたところ，平成22年度税制改正後の法人税法は，破産手続開始決定を受けて解散した法人に対しても，通常の法人と同様に各事業年度の所得（同法22条）を課税標準とする法人税を課税するものとしている（同法５条参照）。当該改正の趣旨は，法人の組織再編成が活発化していること等を背景に，法人が解散した後も，各事業年度の所得を課税標準とすることとして，解散の前後を通じて課税関係が一貫したものとなるようにしたものであると解される（乙７）。

前記の規定及びその改正の趣旨に照らせば，法人税法は，解散して事業を継続する予定のない法人についても，通常の法人と同様に，事業年度における益金と損金の差額をもって所得とし，事業年度により期間を区切り，期間損益計算に基づいた課税を行うこととしているのであるから，解散した法人についても，前記イで検討した企業会計原則における前期損益修正と同様の処理を行うことが，法人税法の所得計算及び課税の在り方に合致するものということができる。

エ　そうすると，制限超過利息を収受した法人が，当該利息を益金の額に算入して申告を行い，その後の事業年度に，当該利息が私法上は無効な利息の契約に係るものであることにより当該利息及びこれに対する過払利息に係る不当利得返還義務を負うことが判決等により確定した場合に，**当該法人が解散しているか否かを問わず，過年度に遡及して益金を減算せずに前期損益修正を行う所得計算の方法は，法人税の適正な課税及び納税義務の履行の確保を目的とする法人税法の公平な所得計算という要請に合致するものということができ，法人税法22条４項所定の公正処理基準に該当するものというべきである**。」（下線強調は筆者）

(2)　大阪地裁判決の議論の流れを把握しよう！

本判決では，複数の争点が審理判断されていますが，本書では，「本件各更正の請求が通則法23条所定の要件を満たすか否か」という争点だけにフォーカスして検討します。

この争点に関しては，大きく分けて３つの議論がなされています。

①国税通則法23条２項１号に該当するための要件について，②法人税法22条４項の「公正処理基準」の解釈について，③「前期損益修正処理」が「公正処理基準」に該当するか否か，になります（図表３－６）。①→②→③の順で検討されています。

【図表３－６】 本争点についての３つの議論

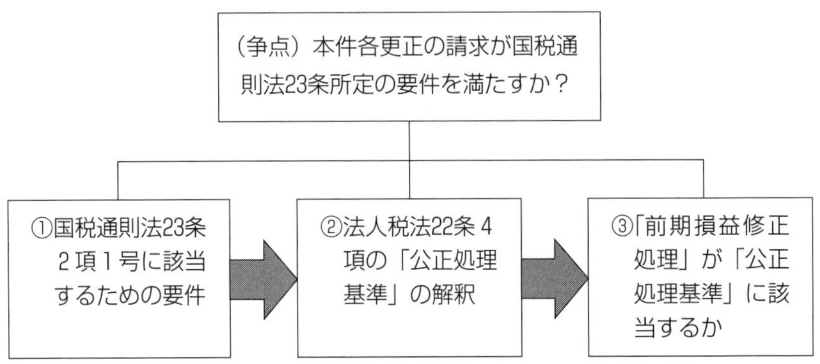

まず，上記①についてですが，裁判所は，国税通則法23条２項の趣旨から，２項所定の要件のみならず，同法23条１項所定の要件をも満たす必要があると解釈しています。これは，一般的な解釈となっているので，本事案においても特に争点にはなっていないようです。

編集者　国税通則法23条１項所定の要件とは，具体的に何ですか？

条文の規定そのままですが，㋐納税申告書に記載した課税標準等若しくは税額等の計算が国税に関する法律の規定に従っていなかったこと，又は，㋑当該計算に誤りがあったことにより当該申告書の提出により納付すべき税額が過大であるとき，です。

編集者　条文にそのまま規定されているのですね。もっと条文を読むようにします！

はい。「租税法律主義」ですからね。

ということで，国税通則法23条１項所定の要件である課税標準等の計算が国税に関する法律の規定に従っていなかったか否かは，実体法である法人税法の規定に照らして判断することになるという話になり，法人税法22条４項が摘示され，ここで，上記②の議論である「一般に公正妥当と認められる会計処理の基準」，つまり，「公正処理基準」の解釈が示されています。これについては，既に検討した大竹貿易事件の解釈が引用されています（71頁参照）。

編集者　「法人税法の目的に反しない限り」ってやつですね。

はい。言い回しは少し違いますが，要は，会計基準として認められているとしても，それだけでは「公正処理基準」ではなく，「法人税法独自のフィルター」を通して判断するということです。

そこで，いよいよ，本争点の**「本丸」**である上記③の議論になります。

編集者　ようやくですね。

確かに前置きが長いですが，「租税法律主義」なので，更正の請求の条文から順に条文を摘示して，その中の特定の文言を解釈すべき場合にはそれを解釈していく必要がありますからね。

(3) そもそも「前期損益修正処理が『公正処理基準』に該当するか？」という問題提起が妥当なのか？

では，上記③の議論についてみていきましょう。

裁判所は，以下の①から④を根拠として，「前期損益修正処理」が「公正処理基準」に該当すると結論づけています（図表３－７）。

① 企業会計原則では，過年度の利益を修正する場合，前期損益修正として特別損益項目に計上する旨が定められていること（企業会計原則の規定を根拠）。

② 法人税法では，制限超過利息を収受した場合，不当利得返還義務を負っていたとしても，益金として課税の対象となると解されていること（最高裁昭和46年11月16日判決を根拠）。

③ また，法人税法では，事業年度によって事業活動の期間を区切って課税標準等を計算し，確定申告をする旨の規定があること（法人税法13条１項，21条，74条１項を根拠）。

④ 所得税法51条２項では，事業所得等について無効な行為によって生じた経済的成果が失われた場合には，遡及することなく，損失の生じた年度の必要経費に算入される旨の規定があること（所得税法の規定を根拠）。

【図表３－７】 前期損益修正処理が「公正処理基準」であることの理由付け

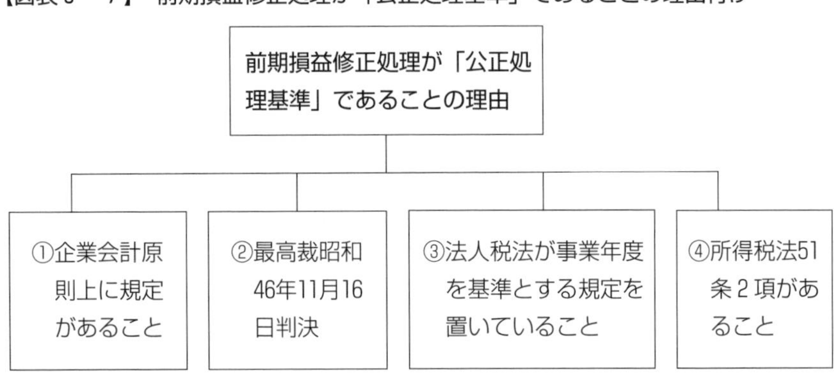

加えて，原告が，本事案は解散した法人であって，継続企業の公準は妥当せず，前期損益修正処理によっては収益との相殺効果は生じない主張したことに対して，⑤解散した法人の場合には，法人税法で期限切れ欠損金を損金算入する旨の調整制度をおいており，それ以上に過年度に遡及して益金を減額することは，法人税法の公平な所得計算という要請に反するとして，排斥しています。

編集者　ちょっと待ってください。先ほど，前期損益の是正に関する公正処理基準は，遡及処理が原則で，前期損益修正処理が許容されるか否かという枠組みで判断するということでしたよね（78頁参照）。

はい。私見ではそうです。でも，大阪地裁はそれとは違った理由付けで，前期損益修正処理が「公正処理基準」であるというとの判断をしています。この①から④の理由付けによって結論が導けるか否かはこの後で検討しますが，そもそも，**前期損益修正処理が「公正処理基準」に該当したとしても，その結論をもって遡及修正が「公正処理基準」に該当しないということは導けない，ということに注意する必要があります。**

編集者　うん？　どういうことですか？

もう少し詳しく説明します。先に見た外注費の事案は，会社が遡及修正をせずに，前期損益修正処理によって，気付いた事業年度で損金計上していたので，前期損益修正処理を否定すれば，この損金計上は否定されます。

編集者　そうですね。

しかし，クラヴィス事件の場合は，会社は，前期損益修正処理をしているわけではありません。大阪高裁の分析の際に説明する「過年度遡及会計基準」に従って資本の額を修正しているのであって，当期の決算において過年度損益修正損を計上しているのではありません。したがって，過年度損益修正が「公正処理基準」であると言えたとしても，それだけでは遡及修正を否定することはできません。直接的に「遡及処理が公正処理基準ではない」と言う必要があります。つまり，結論を導くために必要となる争点と判断している内容がずれているということです。

おそらく，裁判所は，「2つの処理のうち，いずれか一方だけ正しい」ということを暗黙の前提としているのだと思いますが（図表3－8），そうであれば，この前提自体が正しいことを論証する必要があります。

【図表3－8】 大阪地裁が置いている暗黙の前提

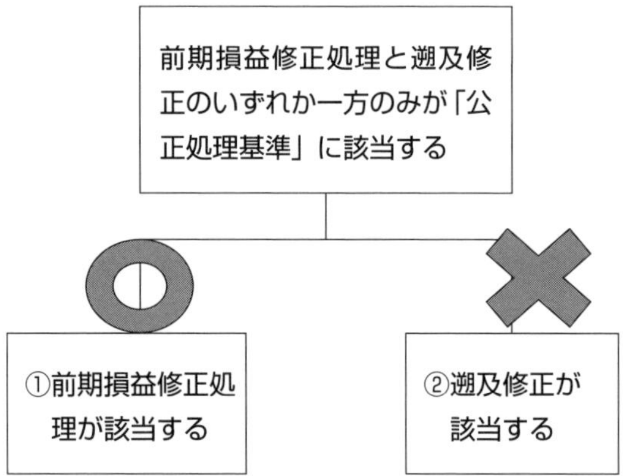

編集者　確かにそうですね。

しかし，既に検討したとおり，国税通則法で遡及修正が前提とされている以上，これを否定することは難しいと思います。実際，大阪地裁でも積極的に否定する理由は述べられていません。

一方，次に見る大阪高裁の方は，前期損益修正処理　vs　遡及修正の二者択一という暗黙の前提を置かずに判断しています（図表3－9）。

【図表3－9】　大阪高裁における問題提起と判断

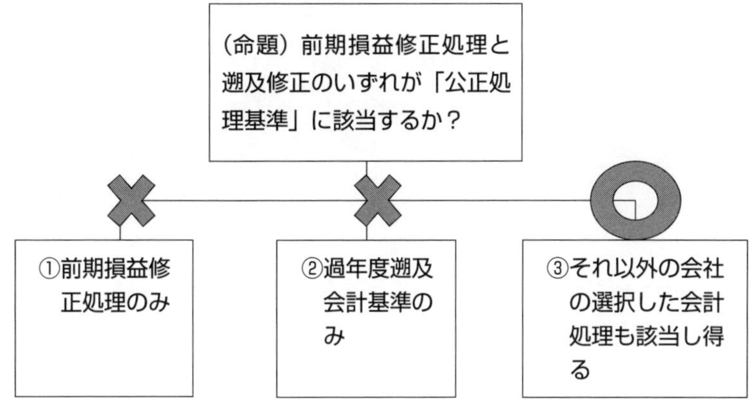

そういう意味で，仮に，前期損益修正処理が「公正処理基準」に該当することの論拠が妥当であったとしても，別途，遡及修正を否定する論証をしていない以上，更正の請求を否定する旨の結論を導くことはできません。つまり，ロジックとして不十分な論証です。

編集者　なるほど。そういえば，最高裁の方は，遡及修正の方法は，「公正処理基準」に該当しないという結論のようですね（図表3－5）。

はい，そうです。さすがに最高裁だけあって，この程度のロジックには注意を払っているようです。もっとも，理由付けは大阪地裁と大して変わりありませんが。

このように，大阪地裁の判断は，理由不備なので違法な判断ということになりますが，後で検討する最高裁も同じような理由付けなので，前期損益修正処理が「公正処理基準」であるとの理由付けが，本当に根拠となり得るのかについてここで検討しておきましょう。

まず，①の理由ですが，企業会計原則の規定はいつも根拠とされているものなので，「公正処理基準」であることの一番の根拠になるでしょう。

次に②の理由ですが，この最高裁判決は，制限超過利息を収受した場合には，不当利得返還義務を負っていたとしても益金として課税の対象となると言っているわけではなく，制限超過利息が未収の場合には益金にはならないという内容の判決なので，そのものズバリの判断ではありません。そもそも，クラヴィス事件で争点となっているのは，事後に無効となった場合の制限超過利息の処理であって，この点に言及していないこの最判はさして根拠にはならないと思います。

さらに③の理由ですが，法人税法が継続する事業活動の期間を事業年度に区切って課税標準等を算出する仕組みになっているという事実から，前期損益修正処理が「公正処理基準」に該当すると導いているのですが，これについてはどう思いますか？

編集者　なんとなく，ピンときませんね。

そうですよね。そもそも，理由③は，遡及処理と前期損益修正処理のいずれの根拠にもなり得ると思いますが，事業活動によって発生した収益が，後の事業年度になって一部無効であることが確定したのであれば，その事業活動がなされた期間に遡って修正する方が，事業年度ごとに課税標準を計算するという法人税法の建付けにマッチしていると思います（図表3－10）。

【図表３－10】　理由③はどちらに親和性があるか？

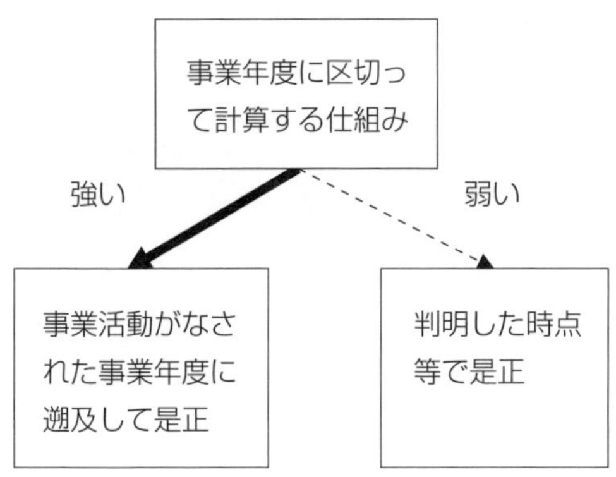

編集者　なるほど。つまり，③の理由も決め手にはならないってことですね。

はい。決め手にならないだけでなく，逆に，遡及修正の方に親和性があると思います。最後に④の理由ですが，これは，所得税法51条２項が無効な取引についても遡及せずに修正する旨を規定していることを根拠としていました。

しかし，これは**「全く根拠にはならない」**と思います。というのも，前章48頁で説明した**「特別法優先の原理」**に関係しています。所得税法51条２項は，仮に，国税通則法23条で更正の請求の要件を満たすとしても，この規定で遡及せずに損失が生じた年度で処理をするというものなので，一般法である国税通則法に対する特別法の規定に当たります。このように，所得税法の場合には，遡及しない旨の明文の規定があるが故に，発生時で処理をすることになるわけです。一方，法人税法には所得税法51条２項のような明文規定はありません。したがって，所得税法のように「特別法優先の原理」は作用しません。だから，過去から今日に至るまで争点となっているわけです。

そうすると，所得税法には，国税通則法が原則とする遡及処理とは異なる規定がなされているけれども，法人税法には**「規定がなされていない」**という事実をどのように評価するかということですが，法人税法は所得税のような処理の方法を採らないことの表れとも評価できます（図表３－11）。

【参考】

（資産損失の必要経費算入）

所得税法第51条

2　居住者の営む不動産所得，事業所得又は山林所得を生ずべき事業について，その事業の遂行上生じた売掛金，貸付金，前渡金その他これらに準ずる債権の貸倒れその他政令で定める事由により生じた損失の金額は，**その者のその損失の生じた日の属する年分の不動産所得の金額，事業所得の金額又は山林所得の金額の計算上，必要経費に算入する**。（下線強調は筆者）

（必要経費に算入される損失の生ずる事由）

所得税法施行令第141条　法第51条第２項（資産損失の必要経費算入）に規定する政令で定める事由は，次に掲げる事由で不動産所得，事業所得又は山林所得を生ずべき事業の遂行上生じたものとする。

一　販売した商品の返戻又は値引き（これらに類する行為を含む。）により収入金額が減少することとなつたこと。

二　保証債務の履行に伴う求償権の全部又は一部を行使することができないこととなつたこと。

三　不動産所得の金額，事業所得の金額若しくは山林所得の金額の計算の基礎となつた事実のうちに含まれていた**無効な行為により生じた経済的成果がその行為の無効であることに基因して失われ，**又はその事実のうちに含まれていた取り消すことのできる行為が取り消されたこと。（下線強調は筆者）

【図表3－11】　法人税法には所得税法51条2項のような規定がないことの評価

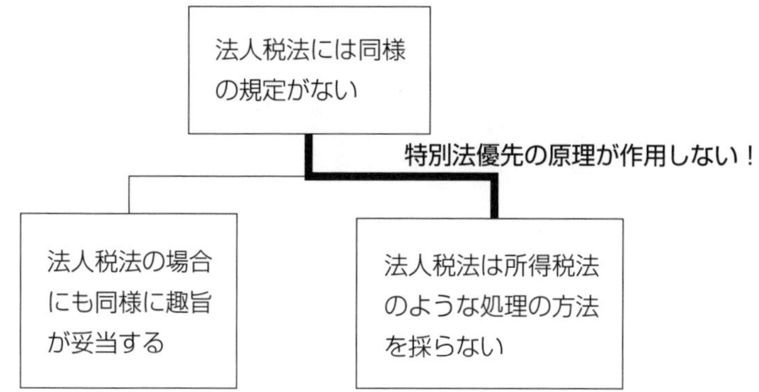

編集者　なるほど。法人税法に同じような規定がないこと自体が意味を持つということですね。

はい。以上のように，上記の①から④の理由はいずれも決め手にはならないですし，特に③と④の理由は，かえって遡及修正の方の根拠になり得るものです。したがって，これらの理由は，遡及修正を積極的に否定する理由にもならないということです。

なお，上記⑤の理由ですが，納税者が破産会社であることの特殊事情は勘案しないということを意味しています。これは，次に検討する大阪高裁判決とは大きく異なる点です。

編集者　つまり，過年度損益修正処理が「公正処理基準」であるとの根拠としても弱いし，遡及修正が「公正処理基準」でないという根拠にもならないということですね。

はい。そうです。

では，次に，納税者側の主張を認めた大阪高裁の判断を見ていきましょう。

3　大阪高裁平成30年10月19日判決を分析しよう！

(1)　大阪高裁の判断

「イ　前期損益修正又は過年度遡及会計基準と公正処理基準

(ア)　本件会計処理は，本件各事業年度の決算を遡及的に修正するものであり，本件過払金返還債権1に係る過払利息返還債務のうち本件各事業年度に発生したものを貸借対照表の負債の部に計上するとともに，同額を貸借対照表の資本の部から減少させること等を内容とするものである。これは，制限超過利息を収受した本件破産会社が，これを貸付元本に充当することなく，従前どおりの元本が残存するものとして取り扱い，上記制限超過利息を含めて現実に収受した約定利息・損害金の全額を益金の額に算入して申告していたところ，その後，本件破産手続が開始し，同手続中，本件過払金返還債権1が破産債権者表に記載され，当該債権に係る不当利得返還義務及びこれに対する法定利息の支払義務が確定判決と同一の効力により確定したことから，破産管財人である控訴人において，本件各事業年度において上記により収益の額に算入した約定利息・損害金のうち上記制限超過利息相当額（約定利息額－制限利息額）を上記各事業年度に遡及して上記収益の額から減少させる会計処理をしたものである。

(イ)　被控訴人は，①企業会計上行われている前期損益修正の処理は，公正処理基準に該当するところ，本件において，制限超過利息の弁済が無効であることにより本件各事業年度においてこれを益金の額に算入して申告された経済的成果が失われるとしても，当該経済的成果が失われた日の属する事業年度において前期損益修正により損金の額に算入すべきであるし，②本件について過年度遡及会計基準による遡及処理ができるとしても，法人税の申告は確定した決算に基づいて行うものであるところ（法人税法74条1項），過年度遡及会計基準による遡及処理は過去の確定した決算を修正するものではないと主張し，控訴人のした本件会計処理が公正処理基準に合致することを争っている。

(ウ)　前期損益修正の処理は，過年度における引当金や減価償却の過不足修正額等について，特別損益として前期損益修正損の項目を計上することを内容とするものであり，企業会計原則（昭和24年７月９日制定）に同処理に関する規定がある（第二及び注解12。乙２）。このような会計処理が相当とされる理由は，株主総会での承認や報告を経て確定した財務諸表が配当制限その他の規制や各種の契約条件の遵守の確認並びに課税所得計算にも利用されており，既に確定した過年度の決算における利益計算を事後的に修正すると，利害調整の基盤が揺らいでしまうと考えられることにある（乙１，２，弁論の全趣旨）。

また，過年度遡及会計基準による遡及処理は，当該事業年度より前の事業年度に係る計算書類における誤謬を訂正したと仮定して計算書類を作成すること（会社計算規則２条３項64号）等を内容とするものであって，この処理も過年度の確定した決算自体を修正するものではない。同処理は，企業会計基準委員会が平成21年12月４日に規定した基準に基づくものであり，平成23年４月１日以降に開始する事業年度の期首以後に行われる会計上の変更及び過去の誤謬の訂正から適用されることとされている（甲22，弁論の全趣旨）。

そして，前期損益修正の処理は，財務諸表等の用語，様式及び作成方法に関する規則（昭和38年大蔵省令第59号。以下『財務諸表等規則』という。）１条２項により同条１項の『一般に公正妥当と認められる企業会計の基準』に該当するとされる企業会計原則（乙２）に定めのある会計処理であり，会社法上も，前期損益修正の処理を前提とする規定（会社法435条２項，会社計算規則88条２項，３項等）が存在する。また，過年度遡及会計基準（甲22）は，財務諸表等規則１条３項により同条１項の『一般に公正妥当と認められる企業会計の基準』として位置づけられている企業会計基準であり，会社法上も，同会計基準を前提とする規定（会社法435条２項，会社計算規則96条７項等）が存在する。以上のことを踏まえると，前期損益修正の処理と過年度遡及会計基準は，いずれも『一般に公正妥当と認められる企業会計の慣行』（会社法431条）に当たるものといえる。

これらのことからすると，本件のように，制限超過利息を収受した法人が，当該利息を益金の額に算入して申告を行った後，破産手続開始決定を受け，その後の清算事業年度に，当該利息が私法上は無効な利息の契約に係るものであることにより当該利息に係る不当利得返還債務及びこれに対する法定利息の支払義務を負うことが確定判決と同一の効力を有する破産債権者表の記載により確定（破産法124条等参照）した場合において，本件会計処理のような過年度の確定した決算を遡及的に修正する会計処理ではなく，前期損益修正による処理又は過年度遡及会計基準による遡及処理を行うことが公正処理基準に合致すると考える余地は十分にあると考えられる。

㈣　しかし，法人税法22条４項は，現に法人のした利益計算が法人税法の企図する公平な所得計算という要請に反するものでない限り，課税所得の計算上もこれを是認するのが相当であるとの見地から，収益を一般に公正妥当と認められる会計処理の基準に従って計上すべきものと定めたものと解され（最高裁判所平成４年（行ツ）第45号同５年11月25日第一小法廷判決・民集47巻９号5278頁），収益・費用等の帰属年度をめぐり，一般に公正妥当と認められる会計処理の基準（公正処理基準）に適合する会計処理は必ずしも単一ではないと考えられるから，本件のように，制限超過利息を収受した法人が，当該利息を益金の額に算入して申告を行った後，破産手続開始決定を受け，その後の清算事業年度に，当該利息が私法上は無効な利息の契約に係るものであることにより当該利息相当額の不当利得返還義務及びこれに対する法定利息の支払義務を負うことが確定判決と同一の効力を有する破産債権者表の記載により確定した場合の収益・費用等の帰属年度に関し，前期損益修正による処理又は過年度遡及会計基準による遡及処理のみが公正処理基準に合致する唯一の会計処理としなければならないと解するのは相当ではない。

そして，破産手続が，裁判所の監督の下で，利害関係人の利害及び債務者と債権者との間の権利関係を適切に調整し，もって債務者の財産等の適正かつ公平な清算を図ることを目的とする手続であり（破産法１条，75条１項），国民の納税義務の適正な実現を通じて国税収入を確保することを目的とする国税徴収法（同法１条参照）においても，破産手続は強制換価手続に，破産管財人は執行機関にそれぞれ位置付けられていること（同法２条12号，13号）をも考慮すると，上記の場合における収益・費用等の帰属年度に関する会計処理については，破産管財人において，一般に公正妥当と認められる企業会計の慣行と矛盾せず，かつ，破産手続の目的に照らして合理的なものとみられる会計処理を行っている場合には，法人税法の企図する公平な所得計算という要請に反するものでない限り，法人税法上も上記会計処理を公正処理基準に合致するものとして是認するのが相当である。」

⑵　大阪高裁の議論の流れを把握する

大阪高裁においても，国税通則法23条２項の摘示から始まって，法人税法22条４項の「公正処理基準」の解釈までの議論がなされており，この点は，大阪地裁と同じ流れです（図表３－６の①及び②参照）。

大阪地裁との違いは，控訴人のした会計処理，つまり，遡及修正が「公正処理基準」に該当するか否かという問題提起をしている点です。

編集者　つまり，ここでは，大阪地裁が，二者択一の暗黙の前提をおいて判断したという問題点は，解消されているということですね。

はい，そうです。したがって，この点でのロジック上の問題はないと言えます。

以下は，この問題提起に対する判断の流れになりますが，詳しく書くと冗長になるので骨子だけ示します。

【議論の骨子】

① 前期損益修正処理と過年度遡及会計処理は，いずれも，会社法上の規定に沿うものであり，会社法431条に定める「一般に公正妥当と認められる企業会計の慣行」に当たる。

② よって，前期損益修正処理と過年度遡及会計処理が「公正処理基準」に合致すると考える余地は十分にある。

③ しかし，「公正処理基準」は，必ずしも単一ではないことから，前期損益修正処理と過年度遡及会計処理のみが「公正処理基準」であると考えることは相当でない。

④ **そこで，破産管財人が，一般に公正妥当と認められる企業会計の慣行と矛盾せず，かつ，破産手続の目的に照らして合理的な会計処理を行っている場合には「公正処理基準」に合致するものと解する（判断基準）。**

⑤ 破産会社には継続企業の公準が妥当しないこと，破産会社に前期損益修正処理等に係る会社法の規定の適用がないこと，確定決算を遡及修正することによる弊害はないことから，遡及修正は一般に公正妥当とみられる企業会計の慣行と矛盾せず，破産手続の目的に照らしても合理性あり。よって，遡及修正は「公正処理基準」に該当する**（当てはめ）**。

なお，⑤の部分の判示については，長くなるので引用してはいませんが，エッセンスはこういう内容です。

編集者　⑤の部分は破産会社の特殊性を主な理由としているようですね。大阪地裁の方は，破産会社という特殊事情は勘案していませんでしたが，同じ事件でこのような違いはどうして起きるのでしょうか？

裁判一般によくあることなのですが，裁判官の価値判断によって，最終的な判断が左右されることがあります。最高裁で確定した判断基準があるような場合は別ですが，裁判官の価値判断による「結論」が先にあって，その結論が導かれるような「判断基準」が定立されるという，論理的には逆の流れで判断されていることはよくあります。裁判例を分析していると，こういった構図はよく見えてきます。

編集者　う～ん，判断する裁判官の価値判断で結論が左右されるとすると，納税者にとってはどういった判断がされるかわからないですよね。

それはそのとおりです。ただ，「人」が判断をするという仕組みである以上，主観的な判断が混入することは避けられないところですね。ただ，いくら主観的な判断が避けられないと言っても，その判断を裏付ける客観的な理由は絶対に必要です。したがって，我々は，客観的な理由の存否，及び結論との関連性等，理由付けの合理性を厳しくチェックする必要があります。

編集者　なるほど。だから，裁判例の結論だけでなく理由付けの分析が大事なのですね。もう一つ質問があります。大阪高裁では「過年度遡及会計基準」という会計基準が出てきましたが，これは何でしょうか？

ここで出た「過年度遡及会計基準」というのは，平成21年12月４日付けで企業会計基準委員会が公表した企業会計基準第24号「会計上の変更及び誤謬の訂正に関する会計基準」のことです。会計方針の変更，表示方法の変更及び過去の誤謬の訂正があった場合には，該当する事業年度に遡及してその影響額を反映させるというものです。

編集者　これは，遡及修正と同じってことではないのですか？

いえ，当期の財務諸表と併せて表示される場合の財務諸表に影響額を反映するだけであって，確定した決算自体を修正するわけではないのです。これの処理方法を**「遡及処理」**と呼んでいます。そういう意味で，過去に遡って法人の所得までを変更する**「遡及修正」**とは異なります。

以上のように，大阪高裁は，「遡及修正処理か？前期損益修正処理か？」の二者択一問題とはせずに，事案の個別性に着目して柔軟に判断した点が特徴的です。

(3) 本当は検討すべきであった会計基準

ただ，大阪高裁の判断にも問題があります。もっというと，大阪地裁も最高裁も同じ問題があるのですが，それは，制限超過利息の不当利得返還に関して，本来検討すべき会計処理があるのですが，これについて全く議論の俎上に載せられていません（図表３－12）。

編集者　他にも検討すべき会計処理があるのですか？

はい。外注費の事案を検討した際に，過年度損益の是正に関する考え方を私見として定立しましたが，会計基準上，前期損益修正処理の特別の規定に当たる会計処理がある場合には，まずは，その処理を考慮すべきである旨を説明しました（78頁参照）。

そして，本事案の対象である制限超過利息の不当利得返還に係る損益に関しては，**「利息返還損失引当金」**として会計処理をすることが，日本公認会計士協会による平成18年10月13日付けの業種別委員会報告第37号「消費者金融会社等の利息返還請求による損失に係る引当金の計上に関する監査上の取扱い」に定められています。

【図表3－12】　制限超過利息の不当利得返還に係る損益の是正

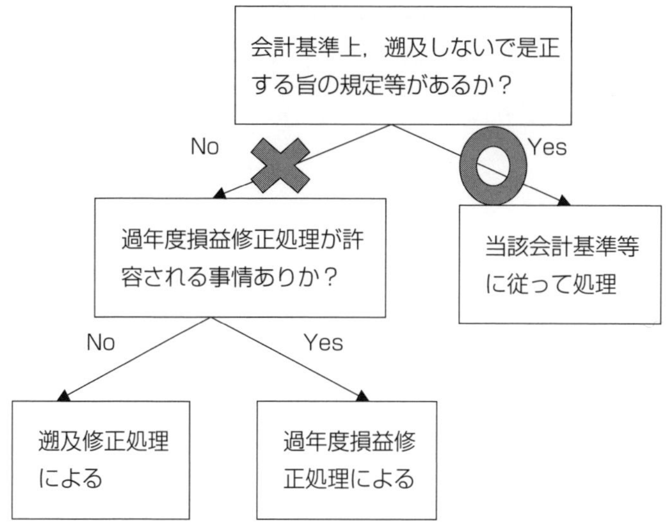

この委員会報告は，クラヴィス事件の概要で説明したとおり，最高裁平成18年1月13日判決により過払金返還請求が急増したことを受けて出されたものですが，将来の利息返還請求により発生すると見込まれる返還金額については，**「利息返還損失引当金」**等の名称を付けて，平成18年9月1日以降に終了する中間会計期間等から，流動負債又は固定負債に引当て計上すべきことが規定されています。なお，この委員会報告は，平成24年5月15日付けで見直されていますが，引当計上をすべき点については，変更されていません。

編集者　引当金の計上ですか。ということは，消費者金融会社においては，平成18年より前に実行された貸付金の過払金返還について，平成19年3月期の決算では，引当金として計上されていたということですね。

はい，そのはずです。おそらくですが，この委員会報告が出される前は，過払金返還訴訟において和解等によって確定した時点で，損失計上していたのではないかと思います。この処理は，実質的に前期損益修正処理と同じ処理なわけで，収益計上した事業年度に遡って収益をマイナスする処理ではなかったということです。そして，この委員会報告発令後は，「利息返還損失引当金」として引当金計上がなされることになり，実際に和解が成立するなどして過払金返還債務が確定した場合には，その時点で引当金を取崩す処理をしていたものと思われます。つまり，債務が確定した際に，利息を計上した過年度に遡及して修正するような処理は予定されていないということです。

編集者　「利息返還損失引当金」という会計処理が「公正処理基準」に該当した場合には，本事案の結論にはどのような影響がありますか？

まず，本事案で遡及処理した貸金債権は平成18年以前に発生したものなので，平成19年３月期の決算書では，返還すべきと見積もられる金額は引当ての対象になっているはずです。ただ，この引当金はあくまでその時点の見積もりにすぎないので，事後に過不足は発生し得ます。特に，本事案は，対象会社が破産会社となったために返還すべき金額が巨額になったという事情がありますから，既に引当てられている金額では全然足りなかったものと思われます。

ただ，一般に，引当時点に入手可能な情報に基づいて見積もった場合に過不足が生じたとしても，引当金を計上した事業年度に遡及して修正するようなことはしません（図表３－13）。また，本事案のように，会社の破産が原因で過払金の返還請求額が引当時点で予見していたものから増大した場合には，新たな事実の発生によることが原因とも考えられるので，遡及して修正すべき事由にもなりません。

【図表3－13】　引当金の計上不足は遡及しない

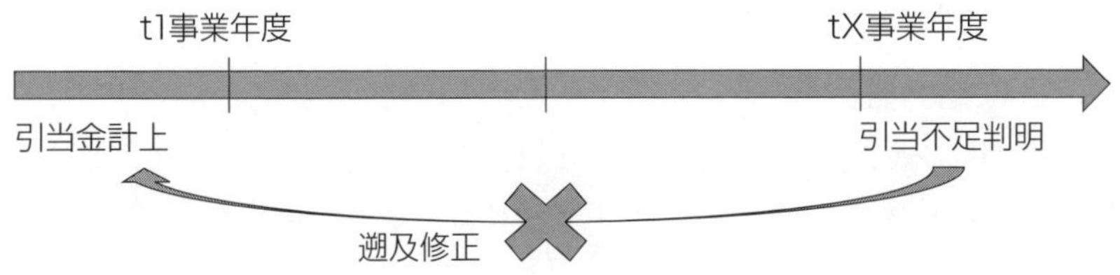

仮に，引当金自体を遡及修正すべきということになったとしても，法人税法上，利息返還損失引当金が損金となる旨の「別段の定め」はありませんので，遡及して引当金を増額したとしても，税務上は損金不算入であって，遡及した事業年度の課税所得に影響はありません。

編集者　とすると，大阪地裁や最高裁の判断も結論として間違ってはいなかったということですか。

はい，更正の請求ができないという結論自体は間違ってはいなかったということになりそうです。しかし，本事案では，消費者金融会社特有の会計処理があり，結論がたまたま同じになるということだったということに過ぎません。既に検討したとおり，大阪地裁の議論は，過年度の損益に修正に関する議論一般としては根拠が不十分であって，妥当ではありません。

編集者　なるほどです。前章で検討した事案と同じく，争点の設定が不十分だったということのようですね。

そうです。争点の設定の大事さが，この事案でも実感していただけたのではないでしょうか。

やや蛇足にはなりますが，上告審である最高裁ではどのような判断したのかを，ざっと見ておきましょう。

4　最後は最高裁令和２年７月２日判決です

(1)　裁判所の判断

「(1)　一般に，企業会計においては，会計期間ごとに，当期において生じた収益の額と当期において生じた費用及び損失の額とを対応させ，その差額として損益計算を行うべきものとされている。そして，**企業会計原則は，過去の損益計算を修正する必要が生じても，過去の財務諸表を修正することなく，要修正額を前期損益修正として修正の必要が生じた当期の特別損益項目に計上する方法を用いることを定め**（第二の六，同注解12），『会計上の変更及び誤謬の訂正に関する会計基準』（平成21年12月４日企業会計基準第24号）も，過去の財務諸表における誤謬が発見された場合に行う会計処理としては，当該誤謬に基づく過去の財務諸表の修正再表示の累積的影響額を当期の期首の残高に反映するにとどめることとし（21項），同会計処理が認められる誤謬の範囲を当初の財務諸表作成時に入手可能な情報の不使用や誤用があった場合に限定している（４項(8)）。**企業会計原則等におけるこれらの定めは，法人の損益計算が法人の継続的な経済活動を人為的に区切った期間を単位として行われるべきものであることを前提としており，過去の損益計算を遡って修正することを予定していないものと解される。**

法人税法も，事業年度（法人の財産及び損益の計算の単位となる期間で，法令で定めるもの又は法人の定款等で定めるもの等。13条）における所得の金額を課税標準として課税することとし（21条），確定した決算に基づき各事業年度の所得の金額等を記載した申告書を提出すべきものとしており（74条１項），国税通則法も，当該申告書の提出による申告をもって，当該事業年度の終了時に成立した法人税の納税義務につき納付すべき税額が確定することとしている（15条２項３号，16条１項１号及び２項１号）。

このように，法人税の課税においては，事業年度ごとに収益等の額を計算することが原則であるといえるから，貸金業を営む法人が受領し，申告時に収益計上された制限超過利息等につき，後にこれが利息制限法所定の制限利率を超えていることを理由に不当利得として返還すべきことが確定した場合においても，**これに伴う事由に基づく会計処理としては，当該事由の生じた日の属する事業年度の損失とする処理，すなわち前期損益修正によることが公正処理基準に合致するというべきである。**

⑵　法人税法は，事業年度ごとに区切って収益等の額の計算を行うことの例外として，例えば，特定の事業年度に発生した欠損金額が考慮されずに別の事業年度の所得に対して課税が行われ得ることに対しては，青色申告書を提出した事業年度の欠損金の繰越し（57条）及び欠損金の繰戻しによる還付（80条）等の制度を設け，また，解散した法人については，残余財産がないと見込まれる場合における期限切れ欠損金相当額の損金算入（59条３項）等の制度を設けている。課税関係の調整が図られる場合を定めたこのような特別の規定が，破産者である法人についても適用されることを前提とし，具体的な要件と手続を詳細に定めていることからすれば，同法は，破産者である法人であっても，特別に定められた要件と手続の下においてのみ事業年度を超えた課税関係の調整を行うことを原則としているものと解される。そして，同法及びその関係法令においては，法人が受領した制限超過利息等を益金の額に算入して法人税の申告をし，その後の事業年度に当該制限超過利息等についての不当利得返還請求権に係る破産債権が破産手続により確定した場合に前期損益修正と異なる取扱いを許容する特別の規定は見当たらず，また，企業会計上も，上記の場合に過年度の収益を減額させる計算をすることが公正妥当な会計慣行として確立していることはうかがわれないことからすると，法人税法が上記の場合について上記原則に対する例外を許容しているものと解することはできない。このことは，上記不当利得返還請求権に係る破産債権の一部ないし全部につき現に配当がされ，また，当該法人が現に遡って決算を修正する処理をしたとしても異なるものではない。

そうすると，上記の場合において，当該制限超過利息等の受領の日が属する事業年度の益金の額を減額する計算をすることは，公正処理基準に従ったものということはできないと解するのが相当である。」（下線強調は筆者）

⑵　この最高裁の判断によって「前期損益修正処理」が過年度損益の是正一般に対する「公正処理基準」になったのか？

結論としては，大阪地裁と同じく，前期損益修正処理が「公正処理基準」であることを認めて遡及修正を否定しています。そこで，まずは，これまでと同様に，最高裁の判断の骨子を追うことにしましょう。

①　企業会計原則では，過去の損益計算を修正する場合，前期損益修正として特別損益項目に計上する旨が定められていること，過年度遡及会計基準においても当期の期首の残高に反映するにとどまる。

②　法人税法及び国税通則法は，事業年度によって事業活動の期間を区切って課税標準等を計算し，確定申告をする旨の規定がある。

③　以上より，前期損益修正処理によることが「公正処理基準」に合致する。

④　破産会社であっても，法人税法が規定する期限切れ欠損金の損金算入の限りで調整することを原則としており，法人税法及び企業会計上も上記原則の例外を許容しているとはいえない。

編集者　多少違うところも有るようですが，概ね大阪地裁の理由と同じ内容という印象ですね。

はい。先ほど言及したとおり，基本的に同じですね。破産会社であることの特殊性も加味しないということも同じです（大阪地裁の理由⑤，最高裁の理由④)。ただ，最高裁の方では，大阪地裁での理由④（所得税法51条２項では，事業所得等について無効な行為によって生じた経済的成果が失われた場合には，遡及することなく，損失の生じた年度の必要経費に算入される旨の規定があること）を根拠にはしていません。さすがに，「これは無理」と考えたからかもしれません。これ以外については，大阪地裁の判決で既に検討した問題点が同様に当てはまります。

編集者　この最高裁判決によって，過年度の損益の是正に関する「公正処理基準」は「前期損益修正処理」になったということでしょうか？

いや～，そうではないと思います。判決文を読んでも，微妙に，制限超過利息の過払返還に関しての判断であるような言い回しになっていますので，この事案限りという趣旨ではないかと思います。

ただ，本来，最高裁は，「当事者の救済」だけでなく，**「法令解釈の統一」**という役割も担っているので，下級審のみならず最高裁においても場当たり的な判断がなされている過年度損益の是正方法については，この機会に統一的な判断をすべきであったと思います。

Ⅲ　そもそも「遡及修正」は特別な会計処理なのか？

この最高裁の判断を含め，一般に，「遡及修正」vs「前期損益修正処理」という２項対立構造で争点が設定されていますが，そもそも，「遡及修正」という方法は，特別な会計処理なのでしょうか？

本章の締めくくりとして，この点について考察してみたいと思います。今後の同様の問題に対する一つの考え方として参考にしてもらえると嬉しいです。

編集者　へぇ，興味津々です。

まず，企業会計原則における収益費用の認識基準は，**「発生主義」**です。

「発生主義」というのは，「現金主義」に対する概念ですが，現金主義とはご存知のように，収益・費用を，現金収入と現金支出の時点において認識するという会計方式です。この会計方式は，認識時点が明確だという利点はありますが，企業の損益計算が，経営活動の成果（収益）とその成果を得るための努力（費用）を対応付けて利益を算定しようとするものであるにもかかわらず，その対応付けが適切に行われないという欠点があります（図表３－14）。そこで，この欠点を改善したのが発生主義です。

【図表３－14】　現金主義では費用収益が同じ期に帰属しないことがある

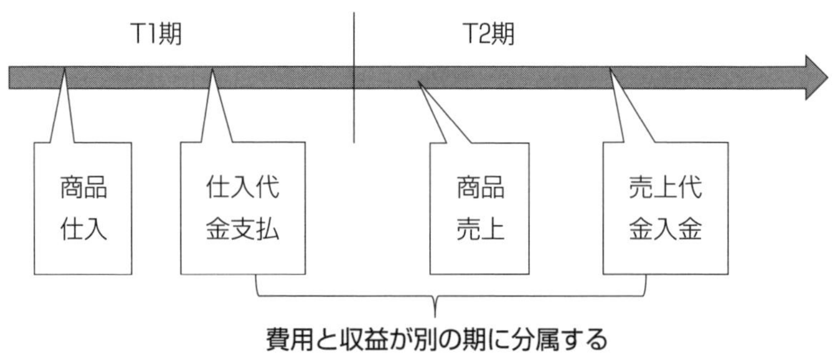

発生主義の下では，収益・費用は，現金の収入支出とは無関係に，**「収益や費用が生じたことを意味する経済的な事実の発生時点」でこれらを計上する**わけですが，その結果，その収益と費用の対応関係が適切に行われることになります[1]。

したがって，例えば，過年度において，「収益や費用が生じたことを意味する経済的な事実」が発生していたにもかかわらず，それが誤って計上されな

1　桜井久勝『財務会計講義第22版』（中央経済社・2021年）73頁～74頁

かったような場合には，その発生時点に遡って是正することが「発生主義」に適うことになります。

このように，「収益や費用が生じたことを意味する経済的な事実」が発生した時点まで遡って是正する会計方法は，「遡及修正」という特別の会計処理ではなく，「発生主義」の過年度損益に関する一場面であるとも言えます（図表３－15）。

【図表３－15】　遡及修正は発生主義に内包される

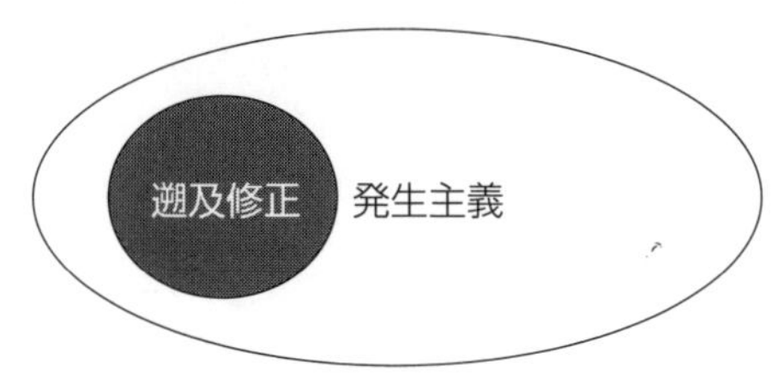

編集者　なるほど，確かにそうですね！　「遡及修正」というと何か特別の方法であるかのような感じがしますが，その本質は「発生主義」ですね。

はい。ただ，難しいのが，**何をもって「収益や費用が生じたことを意味する経済的な事実」が発生したととらえるかということです**。例えば，最初に検討した東京地裁の外注費の事案ですが，これは，過年度において役務の提供があったにもかかわらず，その外注費の計上が漏れていたという事案でした。そうすると，この外注費に係る「費用が生じたことを意味する経済的な事実」というのは，役務提供がされた事実と考えられますので，その役務提供がなされた時点に遡って計上することになります。つまり，「遡及修正」と同じ是正方法ですね。この事案の場合の「収益や費用が生じたことを意味する経済的な事実」の判断は，比較的簡単です。

編集者　なるほど。「発生主義」をベースとして考えると外注費事件の場合は，

シンプルになりますね。

はい。なお，誤解がないように説明しておきますと，過年度に遡って計上するといっても，実際には，過年度の確定した決算自体を変更するわけではありません。**決算はそのままで，「申告調整」によって是正すれば足ります。**

したがって，前期損益修正処理が「公正処理基準」であるとする理由，逆に言えば，遡及修正が「公正処理基準」ではないとする理由に，企業会計では，確定決算を遡及することなしに前期損益修正損益によって是正するからというものがありましたが（地裁の理由①，最高裁の理由①），これは確定決算自体を変更することを前提とした議論であって，法人税の場合には，確定決算を修正せずとも申告調整によって修正できるので，遡及修正を否定する理由にはなりません。つまり，本来，どの期間に帰属させるべきかの問題であるにもかかわらず，技術的な問題とか混同されているわけです。

編集者　では，クラヴィス事件の方は，「発生主義」の観点からどのように説明できますか？

クラヴィス事件の場合は，やや難解ですが，トライしてみます。

クラヴィス事件で問題となっている事案について，何が「収益や費用が生じたことを意味する経済的な事実」であるかを決定する必要がありますが，**まず，会計上は，制限超過利息部分の無効が確定となった事実を，「利息収益」のマイナスではなく「損失」の発生としてとらえているようです。**「利息返還損失引当金」という名称もそうなのですが，業種別委員会実務指針第37号でも，この引当金は，「期末時点の会社が有する将来の利息返還損失」に備えるために設定される引当金である」と説明されていることからもうかがえます。

そして，損失として把握した場合の「損失が生じたことを意味する経済的な事実」は何かといえば，債務者による過払金返還請求が確定したことであると考えられますから，確定時をもって損失を認識するということになります。

もっとも，業種別委員会実務指針第37号が引当金の計上を要求しているのは，将来において利息返還損失の発生の可能性が高いことから，当期に合理的に見積もれる金額に対しては当期の損失であると認識すべきであるという考え方によるものであるので，確定時点よりも早く認識されることになるわけです。

このように，制限超過利息部分の無効が確定となった事実を「損失」であるととらえた場合には，破産手続によって返還請求額が確定した時点で損失を認識するということになります。このように考えると，「前期損益修正」vs「遡及修正」の２項対立構造ではなく判断することができます。

編集者　なるほど。会計上は「損失」として認識しているということなのですね。そうすると，利息受領時に遡及しないということの説明は付けられますね。

はい。それともう一つの理由付けとしては，大阪地裁でも引用されていた最高裁昭和46年11月16日判決に関連するのですが，この判決では，制限利率を超過する利息の場合，約定の履行期が到来しても，未収である場合には益金には該当しないと判断しています。「発生主義」の場合，約定履行期が到来すれば未収であるか否かは関係なく，収益として計上されることになるので，発生主義を計上基準とはしていないということです。つまり，税法上，制限利率を超過する利息の場合は，**「現金主義」**的に認識されるものと解されていると評価できます。

編集者　へ～。「現金主義」ですか。それはどうしてですか？

所得税の事案ではあるのですが，上記の最高裁昭和46年11月16日判決が出る前に，最高裁昭和46年11月９日判決があります。この判決では，未収の場合は収入にはならない理由として，次のように説明されています。

「利息制限法による制限超過の利息・損害金は，**その基礎となる約定自体が無効であって**（括弧内略），約定の履行期の到来によっても，利息・損害金債権を生ずるに由なく，貸牛は，ただ，借主が，大法廷判決によって確立された法理にもかかわらず，あえて法律の保護を求めることなく，任意の支払を行うかも知れないことを，事実上期待しうるにとどまるのであって，とうてい，**収入実現の蓋然性があるものということはできず**，したがって，制限超過の利息・損害金は，たとえ約定の履行期が到来しても，なお未収であるかぎり，旧所得税法10条１項にいう『収入すべき金額』に該当しないものというべきである（括弧内略）。」（下線強調は筆者）

つまり，そもそも無効の約定である以上，単に，期間が経過したという事実だけでは，収入として認識するほどの確実性がないということだと思います。

編集者　なるほど。そもそもが無効の約定であるという点が「肝」なのですね。

はい。この最高裁の考え方を前提とすると，実際に，無効であるとして過払金返還請求がなされた場合においても，「現金主義」的に処理されるべきことになります。

実際には，現金を払い出した時点ではなく，確定した時点で負債を認識することになりますが，この場合の返還債務は，単なる期待値ではなく法的な債務なので，上記判断とは矛盾しないと思います。

編集者　そうすると，クラヴィス事件では，制限利率超過の利息が対象となっていたので，それ自体に特殊性があったということですね。

はい，そうだと思います。よって，過年度損益の是正に関する「公正処理基準」というような争点にすること自体，適切ではなかったと思います。

以上のように，過年度損益の是正に関する問題を，「発生主義」の観点でとらえるとした場合，特殊なケースを除き，遡及修正することになると思われます。そうすると，軽微な計上漏れについてまで，いちいち更正の請求をして是正すべきことになりますが，それは納税者側にとって非常に煩雑です。また，課税庁側にとっても業務の増大という弊害が生じます。そこで，次に，**「発生主義をどこまで徹底するか」という問題が浮上してきます。**

編集者　確かにそうですね。両者にとっていいことはないですね。

この点についてですが，私は，金額が軽微であって，更正の請求の除斥期間が徒過する前であれば，前期損益修正処理によって是正することを許容すべきではないかと考えています。

いずれにせよ，最高裁が統一的な判断を提示しないのであれば，法人税法上，明文の規定を置くか，そのような立法がなされないのであれば，課税庁側が，実務的な観点で解決策を提示して欲しいところです。

編集者　是非お願いしたいですね。

第 4 章

条文と制度趣旨から「事前確定届出給与」の増額・減額支給問題を解く！

【素材】 東京地裁平成26年７月18日判決（増額事例・税資264号順号12510）
東京地裁平成24年10月９日判決（減額事例・裁判所ウェブサイト）

【ポイント】

- 法令用語の読み方に慣れる
- 条文の規定の意味を読み解く
- 会社法の判例にリンクして考える
- 制度趣旨から制度のしくみを理解する
- 判決の理由付けの問題点を把握する

本章では，「事前確定届出給与」該当性を否定された事案を素材として検討します。

役員賞与を複数回支給する旨の決議とその旨の届出をしていたものの，その後の経営環境悪化等により，ある支給日分について事前の届出どおりに支給されないようなケースは，当然ながら考えられますが，そのようなケースの取扱いについては，一見して，明文上の規定がないように思われます。よって，どの範囲で損金不算入となるかが（届出どおりでない支給日分のみ損金不算入，又は全額損金不算入）問題となります。しかし，実際には，根拠条文を読み解くことで，すんなりと解決できるのです。

そこで，本章では，比較的わかりやすい増額支給の事案から検討を始め，次に，減額支給の事案を検討していきます。もちろん，これまでと同じく，法的判断構造に従ってアプローチします。

Ⅰ　まずは増額支給事案（東京地裁平成26年７月18日判決）を検討する

1　事案の概要

本裁判例は，事前確定届出給与について，２回目の支給日の際に「増額」支給されたことを原因として，支給額全額を損金不算入とする更正処分がなされた事案です。具体的な事実関係は以下のとおりです。

株式会社である納税者が，平成20年７月８日（１回目）及び同年12月10日（２回目）に役員に対して役員給与を支給する旨の取締役会決議をし，所轄税務署に対して「事前確定届出給与に関する届出書」を提出したところ，１回目の支給日の支給額は届出書記載の金額であったものの，２回目の支給日においては，届出書記載の金額を上回って支給しました（**図表４－１**）。なお，２回目の増額支給につき，変更の届出は提出されていません。

納税者は，平成21年３月期の法人税確定申告において，役員給与の支給額全額が法人税法34条１項２号に規定する事前確定届出給与に該当するものとして法人税の確定申告をしたところ，課税庁より，増額部分のみならず支給額全額が事前確定届出給与に該当しないものとして更正処分等を受けたため，当該処分等を争いました。

【図表4－1】　本事案における届出額と支給額の関係

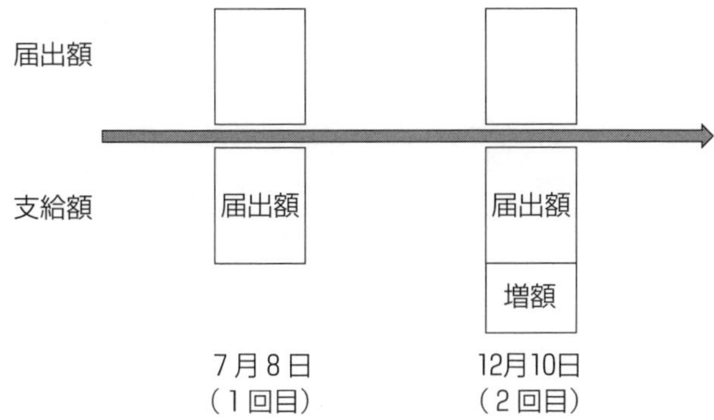

2　争　点

争点は以下の2点です。

【争点1】「事前確定届出給与」該当性の要件について

【争点2】 1つの定めにおいて複数回の支給を定めた場合の，事前の定めのとおりにされたものであるか否かの判断基準について

3　裁判所の判断

「イ　支給済みの役員給与が事前確定届出給与に該当するといえるための要件について

(ア)法人税法34条1項2号は，役員給与のうち，その役員の職務につき所定の時期に確定額を支給する旨の定めに基づいて支給するものであって，定期同額給与及び利益連動給与に該当せず，同族会社に該当しない内国法人が定期給与を支給しない役員に対して支給する給与以外のものの額について，それをその内国法人の各事業年度の所得の金額の計算上損金の額に算入するためには，当該役員給与について，その役員の職務につき所定の時期に確定額を支給する旨の事前の定めがされており，それに基づいて支給するものであることと，政令で定めるところにより納税地の所轄税務署長にその事前の定めの内容に関する届出がされていることを要する旨を規定

しているところ，**この規定の文理に加え，同規定の委任に基づき定められた法人税法施行令69条３項が既に上記の届出をしている内国法人が当該届出に係る事前の定めの内容を変更する場合の当該変更後の定めの内容に関する届出について規定していることに照らすと，実際に支給された役員給与がこれらの要件を満たすものであるというためには，当該役員給与の支給が所轄税務署長に対する届出に係る事前の定めのとおりにされたものであることを要するというべきである。**

そうすると，事前確定届出給与に該当するとして所轄税務署長に届出がされた役員給与が当該届出に係る事前の定めにおける確定額を超えて支給された場合において，当該事前の定めの内容の変更に係る所定の届出がされていないときは，当該役員給与の支給が所轄税務署長に対する届出に係る事前の定めのとおりにされたということはできず，それは当該事前の定めに基づいて支給されたものであるということはできないから，当該役員給与の額について，それの損金の額への算入に係る同法34条１項２号の規定を適用することはできないというべきである。

（中略）

ウ　１つの定めにおいて複数回にわたる支給について定められた場合について

(ア)内国法人がその役員に対してその役員の職務につき所定の時期に確定額を支給する旨の事前の定めに基づいて支給する役員給与のうち，定期同額給与及び利益連動給与に該当せず，同族会社に該当しない内国法人が定期給与を支給しない役員に対して支給する給与以外のものについて，当該事前の定めにおいて当該所定の時期をどのように定めるかは，その回数を含め，当該内国法人の株主総会等の決議における判断に委ねられているものと解されるところ，既に述べた当該事前の定めの変更に係る規定が別に定められていることに照らすと，特定の内国法人がその役員に対してその役員の職務につき所定の時期に確定額を支給する旨の所轄税務署長に対する届出に係る事前の定めに基づいて支給する給与は，当該届出に係る事前の定めにおいて複数回にわたる支給をするものと定められた場合であっても，**当該届出に係る事前の定めにおける各所定の時期を通じ当該役員の職務の執行の対価として一体的に定められたものであると解するのが相当である**。そうすると，事前確定届出給与に該当するとして所轄税務署長に対してされた届出に係る事前の定めにおいて複数の所定の時期及び確定額が定められていた場合には，それに対応する全ての支給が当該届出に係る事前の定めのとおりにされたものであるときに限り，当該役員給与の支給は当該事前の定めのとおりそれに基づいてされたこととなり，**それらの支給中に１回でも事前の定めのとおりにされたものではないものがあるときには，当該役員給与の支給は，全体として事前の定めに基づくものではなかったこととなると解するのが相当**である。」（下線強調は筆者）

4　条文の文言からアプローチする

裁判所は，「事前確定届出給与」該当性の判断は，事前の届出と実際の支給額が一致していることが必要であって，かつ，それらの支給中に１回でも事前の届出の金額とは異なった支給があった場合には，役員給与の支給全額が「事前確定届出給与」に該当しないと判断しています。そして，本事案は，事前の届出よりも増額支給された回があることから，支給金額全体が「事前確定届出給与」に該当しないと結論付けています。

編集者　１回でも違うと全部ダメというのは，すごく厳しい判断だと思います。少なくとも，届出どおりに支給した回の支給額は，損金として認めてもよい気がします。その支給には恣意性はないわけですから。

はい。感覚的にも，裁判所の判断は「過剰」な気がしますよね。その理由も，後で検討するように，課税庁側の主張のコピペであって，厳格な条文解釈によってこのような判断を導いているわけでもありません。

では，いつものように法的判断枠組に従って検討していきましょう。その後で，裁判所の判断の問題点を分析検討したいと思います。Let’s start!

⑴　事前確定届出給与の根拠条文から課税要件を抽出する

それでは，まずは事前確定届出給与が損金算入とされる根拠条文を確認しましょう。法人税法の何条でしょうか？

編集者　これはわかります。法人税法34条１項２号ですね。

はい。この裁判例では，平成28年度税制改正前の法人税法が適用されていますが，その後平成28年度と平成29年度にも改正されています。ただ，平成29年度改正後においても，金銭給付の場合の基本的な課税要件は，従前のものと実質的に同じですので，ここでは現行の条文をベースに検討します。

次に，本事案において，法人税法34条１項２号に規定するどの課税要件の充足が問題となっているのかを明らかにしましょう。

「課税要件法定主義」なので，条文に課税要件が定められているはずですから，条文から課税要件を抽出しましょう。

【参考】（役員給与の損金不算入）

法人税法第34条　内国法人がその役員に対して支給する給与（退職給与で業績連動給与に該当しないもの，使用人としての職務を有する役員に対して支給する当該職務に対するもの及び第３項の規定の適用があるものを除く。以下この項において同じ。）のうち次に掲げる給与のいずれにも該当しないものの額は，その内国法人の各事業年度の所得の金額の計算上，損金の額に算入しない。

一　その支給時期が１月以下の一定の期間ごとである給与（次号イにおいて「定期給与」という。）で当該事業年度の各支給時期における支給額が同額であるものその他これに準ずるものとして政令で定める給与（同号において「定期同額給与」という。）

二　その役員の職務につき所定の時期に，確定した額の金銭又は確定した数の株式（出資を含む。以下この項及び第５項において同じ。）若しくは新株予約権若しくは確定した額の金銭債権に係る第54条第１項（譲渡制限付株式を対価とする費用の帰属事業年度の特例）に規定する特定譲渡制限付株式若しくは第54条の２第１項（新株予約権を対価とする費用の帰属事業年度の特例等）に規定する特定新株予約権を交付する旨の定めに基づいて支給する給与で，定期同額給与及び業績連動給与のいずれにも該当しないもの（当該株式若しくは当該特定譲渡制限付株式に係る第54条第１項に規定する承継譲渡制限付株式又は当該新株予約権若しくは当該特定新株予約権に係る第54条の２第１項に規定する承継新株予約権による給与を含むものとし，次に掲げる場合に該当する場合にはそれぞれ次に定める要件を満たすものに限る。）

イ　その給与が定期給与を支給しない役員に対して支給する給与（同族会社に該当しない内国法人が支給する給与で金銭によるものに限る。）以外の給与（株式又は新株予約権による給与で，将来の役務の提供に係るものとして政令で定めるものを除く。）である場合　政令で定めるところにより納税地の所轄税務署長にその定めの内容に関する届出をしていること。

ロ　株式を交付する場合　当該株式が市場価格のある株式又は市場価格のある株式と交換される株式（当該内国法人又は関係法人が発行したものに限る。次号において「適格株式」という。）であること。

ハ　新株予約権を交付する場合　当該新株予約権がその行使により市場価格のある株式が交付される新株予約権（当該内国法人又は関係法人が発行したものに限る。次号において「適格新株予約権」という。）であること。

編集者　**1項2号ですね。えっと，その役員の職務につき所定の時期に……，ムム，一文が長いですね。また，括弧が多いのも相まって，読みづらい規**

定ですね。

はい。多くの「若しくは」でつながっているので，わかりにくいですよね。金銭給付に関係ない箇所を削除すると，こうなります。

「二　その役員の職務につき所定の時期に，確定した額の金銭を交付する旨の定めに基づいて支給する給与で，定期同額給与及び業績連動給与のいずれにも該当しないもの（次に掲げる場合に該当する場合にはそれぞれ次に定める要件を満たすものに限る。）

イ　その給与が定期給与を支給しない役員に対して支給する給与（同族会社に該当しない内国法人が支給する給与で金銭によるものに限る。）以外の給与である場合　政令で定めるところにより納税地の所轄税務署長にその定めの内容に関する届出をしていること。」

編集者　大分，すっきりしましたね。

はい。見通しがよくなったと思います。ここから，課税要件を抽出すると，以下のとおりとなります。

【課税要件】

①　その役員の職務につき所定の時期に，確定した額の金銭を交付する旨の定めに基づいて支給する給与であること

②　定期同額給与及び業績連動給与のいずれにも該当しないこと

③　政令で定めるところにより納税地の所轄税務署長にその定めの内容に関する届出をしていること

(2)　本事案ではどの課税要件の該当性が問題となるか？

課税要件①から③のうち，わかりやすい要件からみていくと，本事案の事実関係で問題となっている役員給与は，定期同額給与でも業績連動給与でもないので，課税要件②に該当することは明らかです。したがって，課税要件②該当性は問題にはなりません。

次に，課税要件③ですが，増額支給に関する届出は提出されていないので，課税要件③は問題になりそうです。

では，課税要件①についてはどうでしょうか？

編集者　課税要件①ですが，届出とは違う額での支給だったので，「確定した額」にはならないということになりませんか？　たしか，そういった通達があった気がするのですが。

その通達は，法人税基本通達９－２－14のことですね。この通達の内容の是非については，別途検討するとして，課税要件①も問題になりそうですね。では，まずは課税要件③の該当性について検討することにしましょう。

【参考】（事前確定届出給与の意義）

法人税基本通達９－２－14　法第34条第１項第２号《事前確定届出給与》に掲げる給与は，所定の時期に確定した額の金銭等（確定した額の金銭又は確定した数の株式若しくは新株予約権若しくは確定した額の金銭債権に係る法第54 条第１項((譲渡制限付株式を対価とする費用の帰属事業年度の特例))に規定する特定譲渡制限付株式若しくは法第54 条の２第１項((新株予約権を対価とする費用の帰属事業年度の特例等))に規定する特定新株予約権をいう。）を交付する旨の定めに基づいて支給される給与をいうのであるから，例えば，同号の規定に基づき納税地の所轄税務署長へ届け出た支給額と実際の支給額が異なる場合にはこれに該当しないこととなり，原則として，その支給額の全額が損金不算入となることに留意する。

⑶　課税要件③の該当性について　～「その定め」とはどの決議のことか？～

最初に，どのような内容の届出が必要とされているのかについて確認しましょう。

法人税法34条１項２号イで，「政令で定めるところにより」と規定されているので，法人税法施行令を確認する必要があります。69条の４項と５項がその定めになります。４項が当初の届出に関する規定で，５項が当初の届出を変更する場合の規定です。

届出書の記載内容は法人税法施行規則に規定されていますが，本事案では記載内容の不備が問題になっているわけではないので，法人税法施行規則の検討は省略します。ざっくり言って，法人税法施行令69条４項と５項は，一体何を規定していますか？

編集者　えっと，４項も５項も届出期限のことを規定しているようですね。

はい，そうです。記載内容は法人税法施行規則で規定して，届出期限は法人税法施行令で規定するという建付けになっています。

そうすると，課税要件③は，**「その定めの内容」**について，法人税法施行令69条４項と５項に規定する提出期限までに所定の内容の届出を提出していれば満たす，ということになります。では，この「その定めの内容」というのは何になりますか？

編集者　「その」が多くてよくわからないですけど，支給決議のことですかね？

確かに，法人税法34条１項の規定は，「その」が多いですね。

「その」という用語は法令用語なのですが，概ね**「当該」**と同じように使用されます。第１章でも説明したとおり（７頁），「当該」は，ある規定に出てくる既出の特定の対象（例えばA）を次に引用する場合に，その特定の対象と同一のものであることを示すのに使われます。

この使用方法を前提として同項２号イの規定を見ると，**「その定め」**の前に出てくる**「定め」**は，２号柱書きの「その役員の職務につき所定の時期に，確定した額の金銭…を交付する旨の『**定め**』」ですから，「その定め」とは，この箇所を引用していることになります（**図表４－２**）。つまり，株主総会等の役員報酬の支給決議のことです。

【図表４－２】「その」が受けているもの

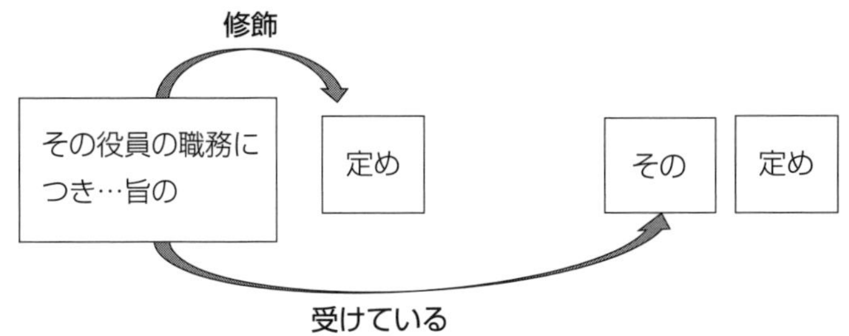

したがって，実際に支給された役員給与に対応する支給決議についての内容が記載された届出書が，所定の期限までに提出されていることが，課税要件③の具体的な内容ということになります（**図表４－３**）。

【図表４－３】　課税要件③の具体的内容

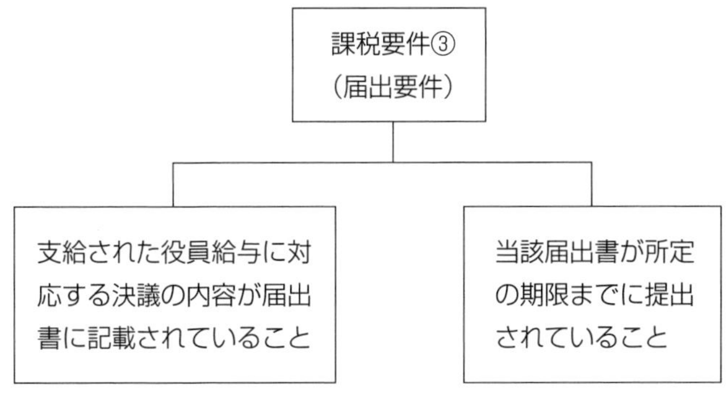

【参考】（定期同額給与の範囲等）

法人税法施行令69条　4　法第34条第１項第２号イに規定する届出は，第１号に掲げる日（第２号に規定する臨時改定事由が生じた場合における同号の役員の職務についてした同号の定めの内容に関する届出については，次に掲げる日のうちいずれか遅い日。第７項において「届出期限」という。）までに，財務省令で定める事項を記載した書類をもつてしなければならない。

一　株主総会等の決議により法第34条第１項第２号の役員の職務につき同号の定めをした場合における当該決議をした日（同日がその職務の執行の開始の日後である場合にあつては，当該開始の日）から１月を経過する日（同日が当該開始の日の属する会計期間開始の日から４月（法第75条の２第１項各号の指定を受けている内国法人にあつては，その指定に係る月数に３を加えた月数）を経過する日（以下この号において「４月経過日等」という。）後である場合には当該４月経過日等とし，新たに設立した内国法人がその役員のその設立の時に開始する職務につき法第34条第１項第２号の定めをした場合にはその設立の日以後２月を経過する日とする。）

二　臨時改定事由（当該臨時改定事由により当該臨時改定事由に係る役員の職務につき法第34条第１項第２号の定めをした場合（当該役員の当該臨時改定事由が生ずる直前の職務につき同号の定めがあつた場合を除く。）における当該臨時改定事由に限る。）が生じた日から１月を経過する日

5　法第34条第１項第２号に規定する定めに基づいて支給する給与につき既に前項又はこの項の規定による届出（以下この項において「直前届出」という。）をしている内国法人が当該直前届出に係る定めの内容を変更する場合において，その変更が次の各号に掲げる事由に基因するものであるとき（第２号に掲げる事由に基因する変更にあつては，当該定めに基づく給与の支給額を減額し，又は交付する株式（出資を含む。以下この条におい

て同じ。）若しくは新株予約権の数を減少させるものであるときに限る。）は，当該変更後の法第34条第１項第２号イに規定する定めの内容に関する届出は，前項の規定にかかわらず，当該各号に掲げる事由の区分に応じ当該各号に定める日（第７項において「変更届出期限」という。）までに，財務省令で定める事項を記載した書類をもつてしなければならない。

一　臨時改定事由　当該臨時改定事由が生じた日から１月を経過する日

二　業績悪化改定事由　当該業績悪化改定事由によりその定めの内容の変更に関する株主総会等の決議をした日から１月を経過する日（当該変更前の当該直前届出に係る定めに基づく給与の支給の日（当該決議をした日後最初に到来するものに限る。）が当該１月を経過する日前にある場合には，当該支給の日の前日）

編集者　なるほど。そう読むのですね。

はい。これで課税要件③の具体的な内容が判明しましたので，次に，届出書に関する本事案の事実関係を確認しましょう。以下，時系列にそって記載します。

【事実関係】

平成20年６月25日：取締役会で役員らに対する支給決議。
７月４日：事前確定届出給与に関する届出書の提出。
７月８日：役員給与を届出書記載のとおりに支給。
12月10日：役員給与を支給。ただし，役員のうち４人の支給金額が届出書よりも多いが，変更届出は出されていない。

ここで，質問です。本事案において**「その定めの内容に関する届出」**という文言の**「その定め」**は，具体的にはどの支給決議のことでしょうか？

編集者　それは，平成20年６月25日の決議でしょう！

はい。「その定め」は，平成20年６月25日の取締役会における支給決議のことですね。７月８日に支給されている役員給与の額は，６月25日の支給決議どおりでしたから，この決議が７月８日支給分に対する「その定め」になります。では，12月10日の支給に対する「その定め」についてはどうでしょうか？

編集者　それも平成20年６月25日の支給決議なのではないですか？

う～ん，12月10日の支給は，６月25日の支給決議の内容とは異なって，増額支給されているわけですよね。

編集者　そうなのですが，それは６月25日の支給決議どおりに支給されなかったというだけではないのでしょうか？

いえいえ。当初の決議よりも増額支給や減額支給がされた場合には，別途，変更する旨の支給決議があるはずです。この点については，会社法に関する知識が必要なので，少し説明を加えます。

会社法上，支給決議よりも超過して支給した場合は，その超過金額の支給は**「無効」**になります。

最高裁平成15年２月21日判決（金法1681号31頁）は，株式会社の取締役については，定款又は株主総会の決議によって報酬の金額が定められなければ，具体的な報酬請求権は発生しないと判断しています。もっとも，最高裁平成17年２月15日判決（判タ1176号135頁）では，事前の決議がない場合であっても，事後に株主総会の決議を経た場合には，その支給は，遡及して適法有効なものになると判断しています。**つまり，事前にも事後にも株主総会の決議がない場合には，その支給は無効であって，そもそも役員報酬としての性質を有しないということになります。**

ですから，本事案においても，当初の支給決議どおりに支給した部分は有効であるとしても，増額分の支給決議が事前または事後になされていない場合には，その支給は法的に無効であって，そもそも「役員給与」にも該当しないことになります（図表４－４）。

【図表４－４】　支給決議の有無と支給の性質

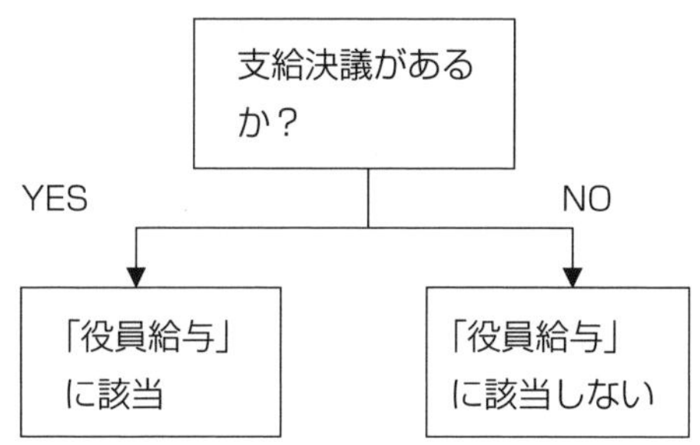

編集者　なるほど。そうすると，法人税法34条の「役員に対して支給する給与」に該当する場合には，それに対応する支給決議があるはず，ということですね（図表４－５）。

はい，そうなります。したがって，本事案の場合，12月10日の支給分については，６月25日の支給決議とは別に，**増額部分だけを追加支給する決議か，もしくは，12月10日分の支給額を変更する決議のいずれかがあるはずです**。もし，ない場合には，不当利得として返還すべき義務が生じますから，そもそも費用たる性質を有しないことになり，法人税法22条３項によって損金が否認されるということになります。本事案では，この点の事実関係がはっきりしていないので，上記のいずれかの支給決議があったものと仮定して，以下，検討することにします。

【図表４－５】 支給と支給決議との関係

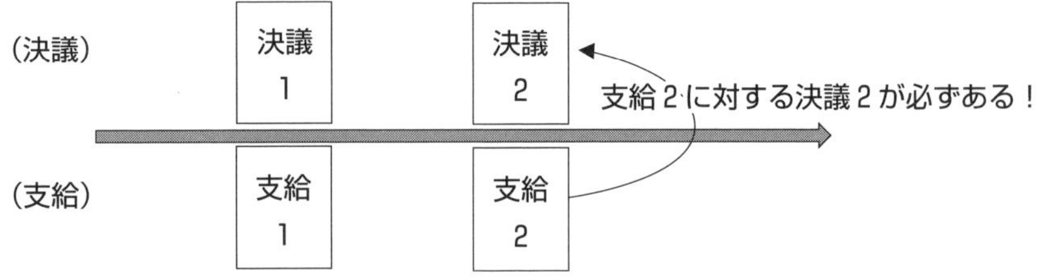

編集者　なるほど。そうすると，課税要件③の「その定めの内容に関する届出」ですが，「その定め」は複数あり得るということですね。

はい，そうです。増額や減額をする場合には，当初の決議と変更決議があるので，複数あることになります。

編集者　そうすると，「その定め」の内容に関する「届出」も複数ありうるということですか？

はい，そのとおりです。この点は課税要件③該当性判断の「肝」になるので，条文に沿って説明します。

役員給与の支給には，それを定める支給決議が必要になることは，今，説明したとおりです。したがって，各役員給与の支給には，それに対応する支給決議があることになります（図表４－６①）。そして，条文上，「その定めの内容に関する届出」，つまり，支給決議の内容を記載した届出を要求しているので，各支給決議に対応する届出の存否が要件となっていることになります（図表４－６②）。

【図表4－6】 支給決議vs届出と支給決議vs支給の関係

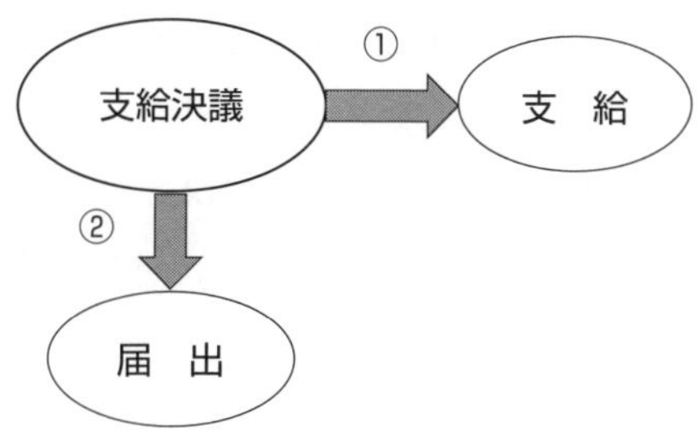

編集者　つまり，支給決議を軸として，「支給」と「届出」が対応する関係となっているということですね。

はい，そのとおりです。したがって，課税要件③は，各届出が提出期限までに提出されているか否かで判断されることになります。

⑷　変更決議と法人税法施行令69条4項の適用関係は？

編集者　そうすると，本件の場合，増額支給に関する届出は出されていないということですから，少なくとも，増額支給分は課税要件③を満たさないことになりますね。

はい，そうです。変更決議に対する届出自体が出ていませんからね。では，12月10日の支給分のうち，当初の届出どおりに支給された分については，どうでしょうか？

編集者　う～ん。当初の決議に関する届出が提出期限内に出されているので，満たしそうな気もしますね。

はい，満たすのです。当初の決議どおりに支給された支給分は，法人税法施行令69条４項１号で定める日までに届出が提出されているので，課税要件③を満たすことになります。一旦提出した届出は，条文上，「のちに変更決議があった場合には，効力を失う」旨の規定がない以上，有効なままですからね。

したがって，12月10日の支給分のうち当初の決議どおりに支給された分は，課税要件③を満たします。

編集者　そういう風に考えるのですか。

はい，一旦，法律の規定によって発生した効果は，それを遡って「無効」としたり「取り消し」たりする規定がない以上，維持されます。そして。法人税法施行令69条には，４項によって発生した効果を事後に無効にするような規定は見当たりませんよね。

ついでに言えば，７月８日支給分もその決議に対する届出が期限内に提出されていて，かつ，それは有効なままなので，課税要件③を満たします。

編集者　なるほど。一旦有効になった届出は有効なままなのですね。

以上をまとめると，課税要件③は，複数回支給した場合であっても，各支給に対応する各支給決議について，その内容を記載した届出書が，法人税法施行令69条で定める届出期限までに出されているか否かで判断されることになります。

編集者　でも，当初決議の一部が変更されれば，その当初決議は全体が変更されたということにならないのでしょうか？　この裁判例の判決はそのような考え方のような気がします。

この疑問点については，場合を分けて考えてみましょう。

まず，既に支給済みのものがある場合ですが，その支給分については支給決議を変更しようがないので，残りの支給分だけが変更の対象となるわけです（図表４－７）。よって，全体が変更されたとみることはできません。

【図表４－７】　既支給分がある場合変更の対象はどれか？

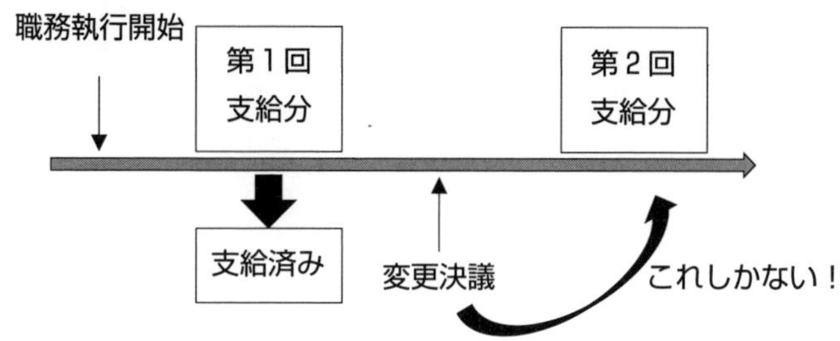

編集者　確かに，既に支給した分については変更のやりようがないですね。

はい。また，例えば，まだ１回も支給されていない段階で，変更される場合も考えられます（図表４－８）。この場合，変更決議が，「Ｘ年Ｙ月Ｚ日開催の取締役会で決議された役員報酬につき，第１回支給分及び第２回支給分を，それぞれ，以下のとおり変更する。」というような内容の場合には，第１回支給分と第２回支給分のいずれもが変更の対象となっていると読み取れます。つまり，全体が変更されたことになります。

一方，変更決議の内容が，「Ｘ年Ｙ月Ｚ日開催の取締役会で決議された役員報酬のうち，第２回支給分につき，以下のとおり変更する。」という内容の場合には，第２回支給分のみが変更されたということになります。

つまり，変更決議の内容によって，変更の対象を判断するということになります。

【図表４－８】 既支給分がない場合変更の対象はどれか？

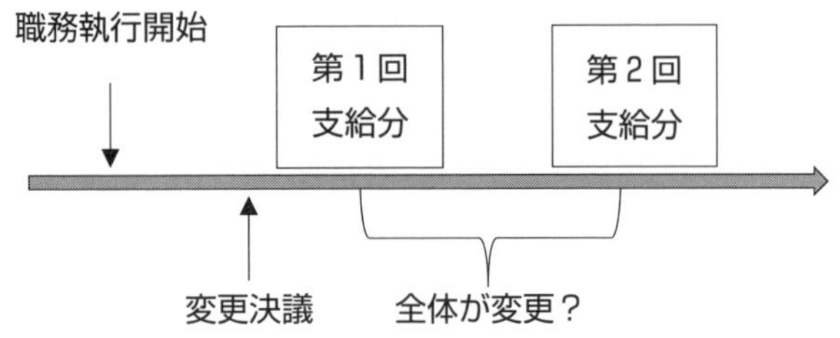

⑸ 本事案における課税要件③該当性は？

既に説明したとおり，本件における７月８日支給分及び12月10日支給分のうち増額支給分以外は，当初決議に基づいて支給されていて，その決議に関する届出は，法人税法施行令69条４項所定の期限までに提出されていますから，課税要件③を満たします。

そして，当該届出は，事後の変更があっても有効なままであることは，前述のとおりです。

編集者　なるほど。変更支給がなされた場合に気を付けないといけない点は，当初決議だけでなく，変更決議もあるという点ですね。当初決議だけしかないと思うと，当初決議全体が変更されたと思ってしまいますからね。

はい。ただ，この点は会社法に関する知識が必要でした。法人税の場合，会社法の建付けを前提としている場合も少なくないので，その点にも留意が必要です。

これまで説明した支給決議と届出の関係は，事前確定届出給与の制度趣旨からアプローチした方が，より理解が深まりますので，以下では，制度趣旨の観点から説明します。

5　「事前確定届出給与」の制度趣旨からアプローチする

(1)　「事前確定届出給与」の制度趣旨とは？

まず，事前確定届出給与の制度趣旨を確認しましょう。平成18年度税制改正の解説325頁では，以下のように説明されています。

> 「今回の改正においては，その職務執行の対価として支給される役員給与についてその定めをいつ行ったのか，つまり職務執行の開始前なのか又は職務執行の開始後なのかによって損金算入の可否を区別することとしたことから，この事実を確認するために職務執行開始日までに税務署長に対してその定めの内容を届け出ることとされたものです」

つまり，役員給与の損金不算入の趣旨である「恣意性の排除」を受けて，事前確定届出給与については，その恣意性の有無を，**「支給決議がなされたのが，職務執行開始前か後かで判断する」**という建付けにしたということです（図表４－９）。つまり，恣意性の有無を，「実質で判断」するのではなく，**決議の時期で「形式的に判断する」**ことにしたということになります。

編集者　なるほど。届出期限を職務執行日前に設定することで，支給決議が「職務執行前」になされたことの担保としているわけですね。

【図表４－９】　事前確定届出給与における恣意性排除の建付け

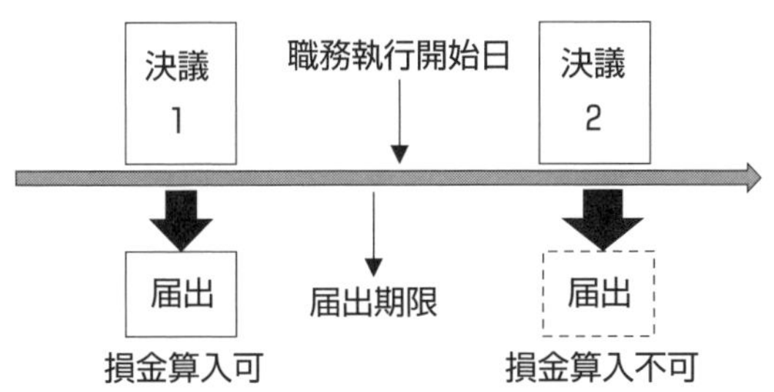

そうです。このような制度趣旨と建付けは，法人税法34条１項２号イ，法人税法施行令69条４項及び５項で表現されています。法人税法34条１項２号イで各支給決議に対する届出を要求し，法人税法施行令69条４項で，原則として，職務執行開始前である株主総会等の決議から１か月を届出期限とする旨規定しています。届出期限を職務執行開始から１か月後としたのは，手続的な時間を付与するためだと思います。「決議の当日に出せ」としたのでは，実務上，無理ですからね。

⑵　届出期限前に届出を出せば「恣意性排除」

この建付けを本事案に当てはめてみると，平成20年12月10日の支給分は，同年６月25日における支給決議（これを便宜上「支給決議１」といいます）よりも増額されているので，別途，増額支給に関する支給決議（これを便宜上「支給決議２」といいます）があるはずであることは，既に述べたとおりです。しかし，この支給決議２については，職務執行開始前である株主総会等の決議から１か月以内に届出が提出されていません（そもそも，届出自体，提出されていません）。よって，恣意性が排除できません。

一方，平成20年７月８日の支給分は，同年６月25日の支給決議から１か月以内の７月４日にその支給決議に対する届出が提出されているので，恣意性が排除できることになります。よって，制度趣旨を満たし，損金算入という結論になるはずです。

【図表４－10】　７月８日の支給と12月10日の支給と「恣意性排除」の有無

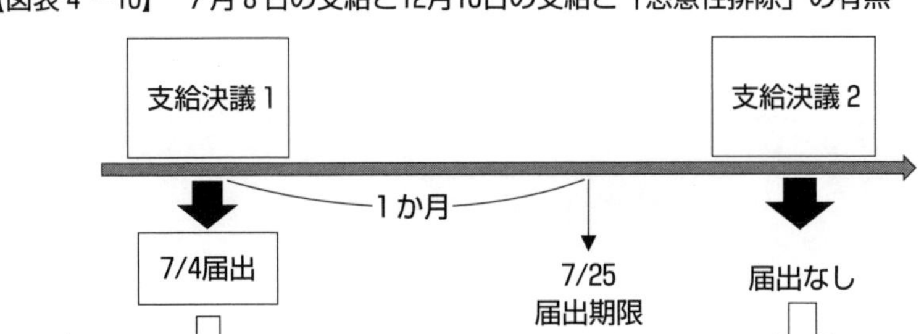

編集者　制度趣旨からいっても，職務執行開始前の支給決議に対応する支給分は，「事前確定届出給与」に該当しそうですね。

はい。先にみた条文からのアプローチと同じ結果になります。まあ，この制度趣旨を条文の文言として規定しているので，当然なのですが。

ただ，増額支給分が，損金不算入となり得る対象については，２つの可能性があります。

編集者　12月10日の増額支給分だけではないのですか？

それが１つの可能性です。もう１つの可能性は，12月10日の支給分全額が損金不算入になるというものです。これは，増額支給決議の内容によって決まるものと思われます。

具体的に言うと，増額支給のうち，増額分だけを**「追加」**して支給決議をした場合には，その追加支給決議に対する届出はないですが，当初の支給決議分に関する届出は提出されているので，追加分だけが損金不算入になるということになります（図表４－11）。これは先に説明した場合の帰結ですね。それとは異なり，当初の支給決議のうち12月10日支給分全体を変更する決議という趣旨であれば，当該変更決議に対する届出がないので，12月10日支給分全体が損金不算入ということになります（図表４－12）。

【図表４－11】　追加決議の場合の課税要件③の該当性

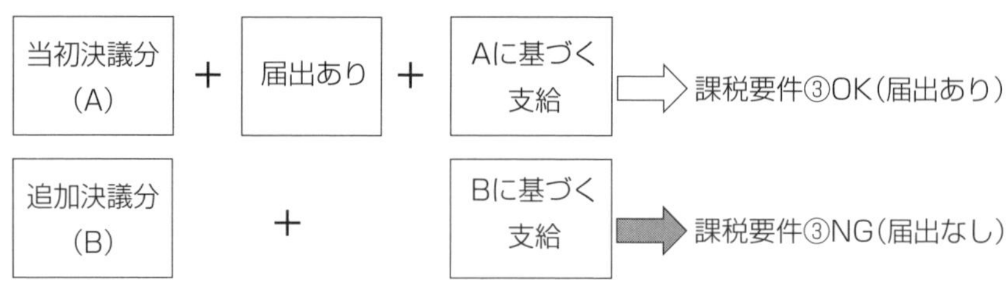

【図表４－12】　支給分全体を変更する旨の決議の場合の課税要件③該当性

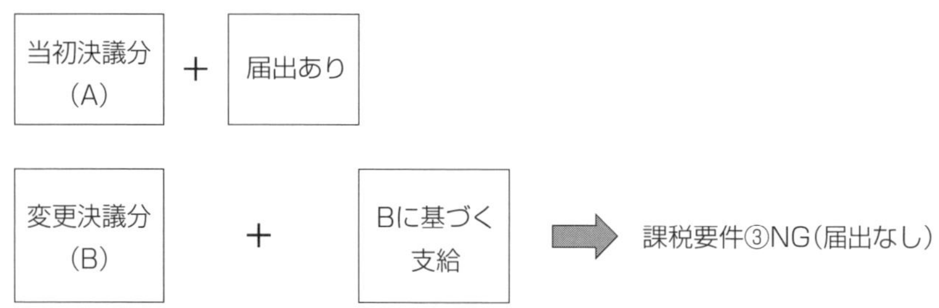

編集者　なるほど。そうすると，追加決議の方が損金算入になる余地があるので，有利ですね。追加決議と変更決議とは，どうやって区別するのですか？

それは，支給決議の解釈ということになるのですが，例えば，支給日が異なれば追加決議ということになるはずですが，同日だと判断が難しいですね。

いずれにせよ，条文の規定と制度趣旨から検討すれば，当初決議と支給額が異なれば「支給額全部」が損金不算入となる，というような話にはなりません。

6　課税要件①該当性 ～「確定額」の意味は？～

以上で，課税要件③の該当性は，条文の規定と制度趣旨から明確に判断できることが理解してもらえたと思います。では，最後に残った課税要件①該当性について，検討してみましょう。

平成18年度税制改正の解説の「注３」では，以下のように説明しています。

「３　支給額の増減あるいは減額支給等，あらかじめ届け出た支給額とその後の支給額とが異なる場合については，一般的には，職務執行開始後に支給額が定められたものと考えられます。したがって，届け出た金額と異なる金額を支給する場合には，それが増額する場合であっても減額する場合であってもその支給額の全額が損金不算入と取り扱われることになります。」

編集者　最初に私が言及した通達は，これのことですね。１円でも違ったら全部ダメというのは，通達でよくある考え方のような気がします。

はい。All or nothingの考え方ですね。

問題の所在を明らかにしましょう。租税法律主義なので，課税要件は条文に規定されているはずです。この解説では，「給与の支給額が届出時に確定していたと言えるものでなく」と言っているので，法人税法34条１項２号イの「確定した額の金銭」の**「確定」**という文言を根拠にしているのだと思います。

この解説によれば，事後に増減したら「確定」とはいえないと言うことなので，この解説における「確定」とは，**当初の決議時に金額が一義的に決まっている**というだけでなく，**当初の決議後においても金額が変わらない**ということを意味しているということになります（図表４－13）。

編集者　なるほど，そういうことになりますね。

しかし，本当にそうなのでしょうか？　まずは，**「確定」**という言葉の意味から確認していきましょう。

国語辞典で「確定」という言葉を調べると，「はっきりと定まること。また，定めること。」とされており，使用例として，「日程が確定する」があげられています。一義的に決まるという意味はありますが，不変という意味までは有していないようです（図表４－13の①だけ）。

【図表４－13】「確定」の意味

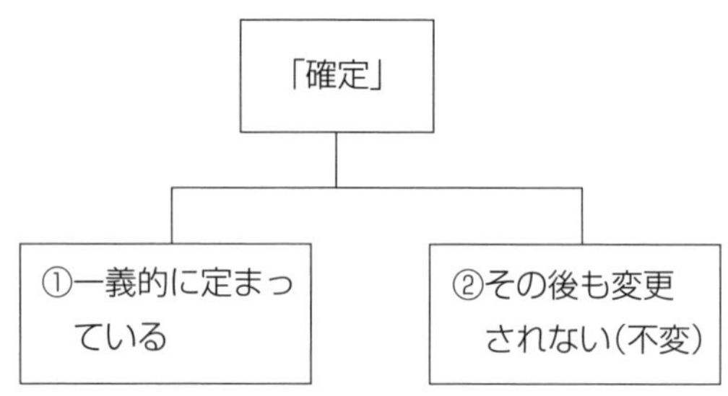

編集者　確かに，日程が確定しても，後に変更になることはありますよね。

はい。平成18年度税制改正の解説においても，「注２」では，「額」が一義的に決まっているという意味で使用しています。

> 「２　確定額を支給する旨の定めに基づいて支給する給与が対象となりますので，現物資産による支給など支給額の確定していないものは，届出の対象になりません。また，一定の条件を付すなどにより支給額が変動するように定められているものについても，あらかじめ確定しているとはいえないことから，『確定額』に該当しないこととなるものと考えられます。」

編集者　確かに，現物資産の場合は評価方法によって複数の価格があり得ますし，業績が条件になっている場合には，将来の数値なので支給決議時には未定ということになりますから，金額が一義的には決まってはいないです

ね。

はい。さらに，「確定」が付いた法令用語に照らして考えてみましょう。例えば，おなじみの**「確定申告」**。この「確定」は，納税者の側から課税標準と税額等を具体化することを言いますが，事後に変更しないことまでは保証していません。

編集者　確かにそうですね。修正申告や更正の請求という事後に変更する制度があるわけですから。

はい。他にもあります。**「確定期限」**と**「不確定期限」**。「確定期限」とは，いつ到来するかはっきりしているもの，例えば，「2022年12月末」というのは確定期限です。一方，「不確定期限」というのは，将来発生することは確実であるものの，いつ到来するかはっきりしないものを言います。例えば，「X氏が死亡したとき」というのが「不確定期限」に該当します。

編集者　「確定期限」の場合も，最初に決めた日時を後になって変更することはありますよね。そうすると，この場合も，事後の変更がないということまでを意味しないということですね。

はい。このような「確定」の意味や「確定」という用語が付いた法令用語に照らしても，「不変である」という意味までは含まれていないことがわかります。それだけでなく，法人税法34条１項２号の「確定」が，事後に不変であるという意味を有していないことは，法人税法34条１項２号柱書き（課税要件①）と法人税法施行令69条５項（課税要件③）との関係からも説明できます。

法人税法施行令69条５項は，支給決議が事後に変更される場合の届出要件を規定していることは先ほど確認したとおりですが，事後に変更される場合が法人税法34条１項２号柱書きの「確定」に該当しないということであるとすると，

法人税法施行令69条５項に規定する事由であっても，そもそも課税要件①を満たさないことになってしまいます。つまり，法人税法施行令69条５項各号に該当しても，事後に変更がある場合は，すべて事前確定届出給与に該当しなくなるので（「確定」に反する），５項は無意味な規定ということになります（図表４－14）。でも，そんなはずはないでしょう！　逆に言えば，法人税法施行令69条５項の規定があるということは，「確定」という文言に「不変」という意味が含まれていないということの証です。

【図表４－14】　事後の変更が「確定」でないとすると…

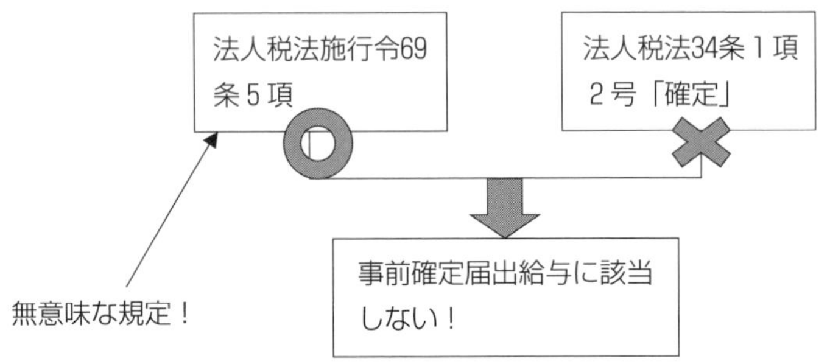

編集者　確かにそうですね。単に，条文の文言の意味を探るだけでなく，条文間の関係を見ていくことで，わかることもあるのですね。

はい，そうです。そういうことを体感してもらう意味でも，この裁判例は面白い素材ですね。

編集者　そうすると，あの通達は，「確定」という文言からは導けないということですね。

はい。文理解釈ではないです。どちらかと言えば，事実認定の話ですね。

なぜ，課税庁は，この通達のように，１円でも違うと全額ダメというような

All or nothingの考え方をとるのかということについて，私なりに推測すると，税務調査に当たって，調査官が事案ごとに判断するのは難しいので，**画一的・形式的な判断基準**を作ってしまおうという考え方が根底にあるのではないかと思います。

そして，その判断基準がシンプルであればあるほど，判断が楽で事案によるブレが少ないという効能があります。その結果，多少課税し過ぎることはあっても，課税庁にとっては課税漏れを防止する方が大事なので，そのために画一的な対応をしているという気がします。

編集者　なるほど。でも，納税者にとって「課税され過ぎ」は困ります。事案に沿ったもう少しきめ細かな対応をすべきだと思います。

そのとおりです。この通達以外にも，条文の根拠がないにもかかわらず，画一的な内容を規定している通達は少なくありませんからね。

7　裁判所の判断の問題点

では，最後に，裁判所の判断の問題点を検討しましょう。

編集者　この判決は，法人税基本通達９－２－14を根拠にはしていないのですね。

確かに，直接の根拠にはしていませんが，判決文の別紙１の「関係法令等の定め」において，法人税基本通達９－２－14を載せているので，この通達があることは知っているはずです。争点に対する解釈も，この通達と同じ内容となっているので，この通達の結論に合うように理由を導出したものと思われます（図表４－15）。

【図表４－15】 裁判所の思考は結論から！

<本来あるべき思考の流れ>

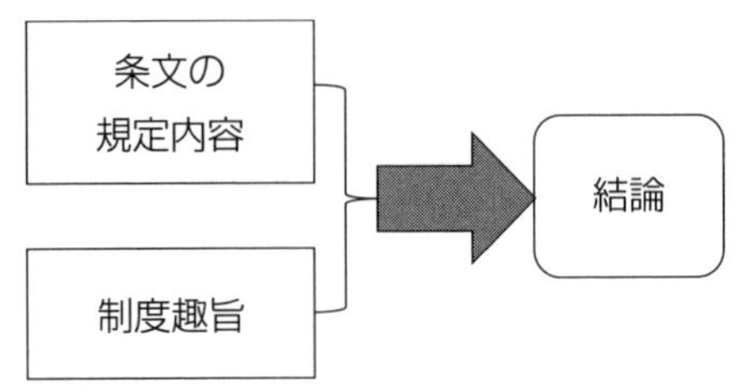

<裁判所の思考の流れ>

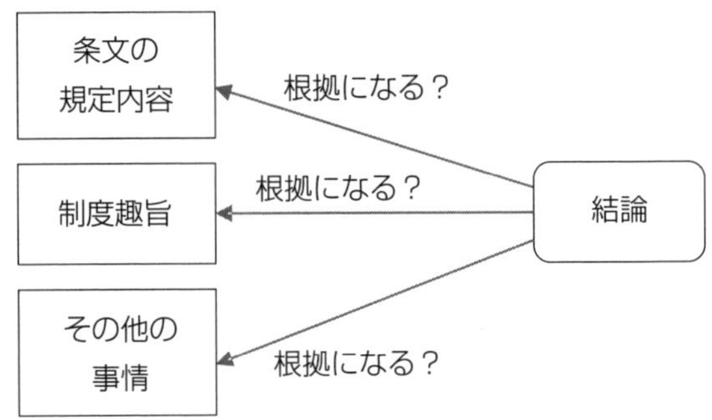

編集者　でも，先ほど検討したように，条文からは，支給額が１円でも違うと全額が損金不算入という結論を導くことはできないですよね。

はい。なので，条文とは別の理由付けを持ってきています。

また，本裁判例では，争点を２つ設定しています。１つ目は「事前確定届出給与」に該当するための要件，２つ目は複数回支給する場合の損金不算入の範囲です。しかし，先ほどみたように，課税要件①から③に該当するか否かを検討すれば足りるので，本来，１つ目の争点だけで足りるはずです。いずれにせよ，租税法律主義の観点に照らし，問題のある判決です。

(1)　１つ目の争点に関する裁判所の判断

では，まず１つ目の争点に対する判断から検討していきましょう。

最初の段落で，法人税法34条１項２号の文理と法人税法施行令69条３項（現行の５項）を根拠として，事前確定届出給与の要件について，「実際に支給された役員給与がこれらの要件を満たすものであるというためには，当該役員給与の支給が所轄税務署長に対する届出に係る事前の定めのとおりにされたものであることを要するというべきである。」としています。

編集者　一応，条文の文言を根拠としている感じではありますよね。

最高裁が文理解釈重視という判断をしているので，一応，文理解釈によって導出したような**「感じ」**を出す判決が多いですね。でも，実際には，先に検討したとおり，条文上，明確に３つの課税要件が規定されているので，あえて解釈する必要がないと思います。

それのみならず，あえて解釈することによって，本来とは違う意味に変容されています。条文のまま言い換えれば，「役員給与の支給について，それに対応する事前の定めに係る届出がなされていること。」になるはずです。つまり，決議vs届出という関係です。一方，裁判所の解釈によると，届出を基準とする決議vs支給額という関係に変容されています。

編集者　裁判所の解釈によった場合，増額支給の場合はどういう当てはめになるのでしょうか？

増額支給がされたものの，変更届出が提出されていない場合は，届出を基準とする決議はないことになるので，事前の定めによって支給されたものではなくなるということのようです（**図表４－16**）。要件を満たしていないという結論自体は，決議vs届出の場合と同じにはなります。でも，実際に支給されている以上，変更決議はないはずはありません。本当は，「支給決議はあるけれど，届出はない」という関係のはずです。ベクトルが逆ですね。したがって，このような解釈は，実態に反する結果となります。

【図表４－16】 裁判所の解釈による当てはめ

編集者　なるほど。裁判官なので，会社法の知識はあるでしょうから，変更決議があるはずということはわかっていたはずですよね。

そのはずですが，通達の結論に持っていくために，あえて，歪めた解釈をしたのかもしれません。いずれにせよ，裁判所の解釈は，届出が基礎となっていることに問題があります。

(2)　２つ目の争点に関する裁判所の判断

１つ目の争点はこの程度にして，２つ目の争点についてみていきましょう。

結論は，すべての支給が当初の届出どおりになされたものであるときに限って損金算入するということですが，どういう理屈でこのような結論になっているかわかりますか？

編集者　えっと，この部分ですね。「当該届出に係る事前の定めにおいて複数回にわたる支給をするものと定められた場合であっても，当該届出に係る事前の定めにおける各所定の時期を通じ当該役員の職務の執行の対価として一体的に定められたものであると解するのが相当である。」

はい。つまり，当初決議の支給額は，職務執行の対価として「一体的」に定められたので，すべての支給で判断するというのが理由のようです。ここでは条文上の根拠は一切出てきません。

編集者　なんだか唐突な感じですね。こういうのは「何解釈」というのですか？

「何解釈」というのでしょうか？　私にもわかりません。文理解釈でないことは当然ですが，制度趣旨から解釈したわけでもないですしね。

編集者　「一体的に定めたもの」と言っていますが，ここでの争点は複数回にわたる支給について定められた場合なので，「一体」というよりは「分割」して定められていると考える方が自然なんじゃないですか。

はい。そのような指摘をする評釈もありますし，私もそう思います。そもそも，条文や制度趣旨から全く離れたところで議論しているので，説得力はありません。条文に基づいて解釈すれば，先に検討したとおり，支給決議ごとに判断することになりますからね。

それに，１回でも届出に対応する事前の定めのとおりでないと全体が損金算入できないという解釈をとった場合には，以下のような事案は法人税法施行令69条５項に該当するにもかかわらず，損金不算入という結論が導かれることになります。

<事案>

１回目の支給は当初の届出どおりに支給したものの，２回目は業績悪化事由に該当したため減額する旨の決議をし，変更届出をした。しかし，さらに業績が悪化したため３回目の支給についても減額決議をしたものの，業績悪化事由には該当しなかったことから変更届出はしていない（図表４－17）。

【図表４－17】　複数回の変更決議があった場合

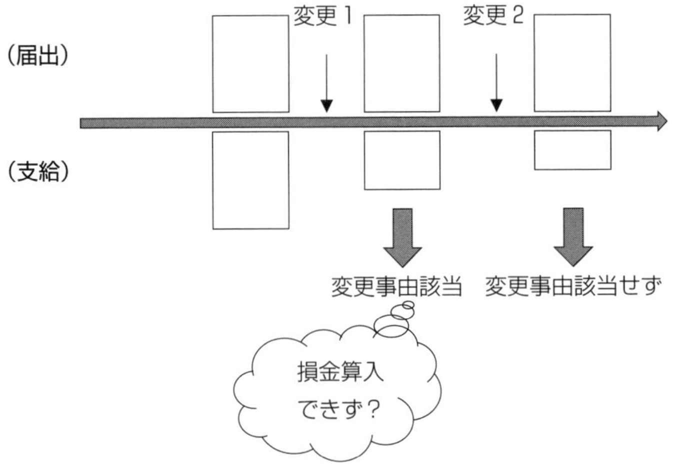

この事案の場合，裁判所がいうように１回でも届出に係る事前の定めのとおりでないと全体が損金算入できないとすると，２回目と３回目の支給額が当初の届出額と一致しないので，３回とも損金不算入ということになります。でも，２回目は５項所定の届出要件を満たしているので，条文の規定に従えば，少なくとも２回目は損金算入されるはずです。かかる帰結は，条文の規定から導かれる結論と矛盾してしまいます。

編集者　確かに，この結論はオカシイですね。

はい。上記解釈が条文に即していないので，おかしな結果になってしまうということです。

Ⅱ　東京地裁平成24年10月９日判決（減額支給の事案）

では，次に，減額支給の裁判例である東京地裁平成24年10月９日判決についてみていきましょう。

増額支給の事案と同じように，当初決議で２回分の支給決議をしていて，１回目は当初決議どおりの支給，２回目は当初決議よりも減額して支給したという事案になります（図表４－18）。

【図表４－18】　本件における届出額と支給額の関係

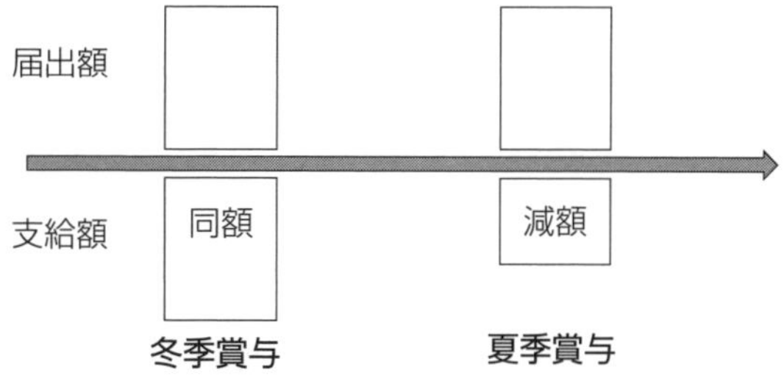

１　課税要件に基づく帰結

課税庁は，この事案についても，先に検討した増額事案と同様，２回目だけでなく１回目の支給についても損金不算入としました。裁判所も，課税庁の処分を適法と認め，全額損金不算入という判断をしています。

編集者　減額の場合は，当初よりも支給額が減っているので，感覚的には，２回目であっても損金算入にしてもいいような気もします。

納税者側も，そのような主張をしていますね。

ただ，法人税法施行令69条４項によれば，２回目は損金不算入になります。このことは，増額支給の時と同じように考えればわかります。

まず，減額支給の場合も，当初の決議から減額する旨の決議があるはずです。そうでないと，減額したとしても請求権自体は生きているので，対象となる役員から請求があれば支給しなければならなくなるからです。ちなみに，会社法上は，減額支給にはその役員の承諾（同意）も必要と解釈されています。

そうすると，この減額決議分は届出が出ていないか，出ていたとしても届出期限を徒過していることになるので，課税要件③（届出要件）は満たさないことになります。よって，２回目の支給は，「事前確定届出給与」には該当せず，損金不算入になります。

一方，当初の支給決議どおりに支給された既支給分は，届出が法人税法施行令69条４項で定める期限内に提出されているので，課税要件③を満たし，その他の課税要件にも問題はないことから，損金算入となります（図表４－19）。

【図表４－19】　既支給分と減額支給分の「事前確定届出給与」該当性

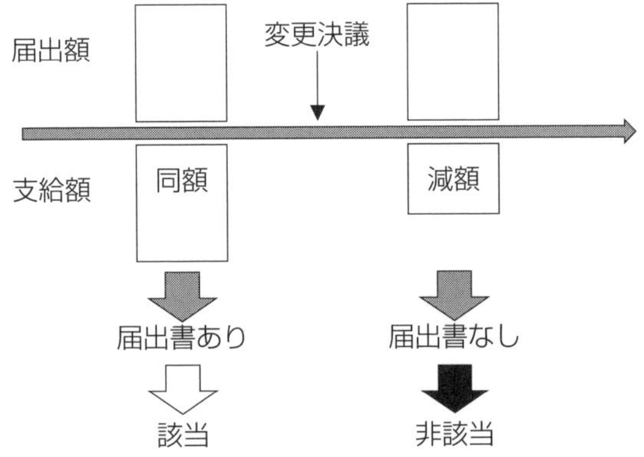

編集者　**その変更決議の届出期限なのですが，法人税法施行令69条５項に規定している事由に該当する場合は，そこに規定されている期限が適用されるというのはわかるのですが，該当しない場合の届出期限は，どこに規定されているのですか？**

４項に規定されています。

編集者　でも，５項に該当しない場合の変更届出については，書かれていないようですが。

あえて場合分けをしては規定されていませんが，４項は，５項に該当する場合以外の届出期限が規定されていると読むことができます。

条文読解のエクササイズとして，やってみましょう。

まず，５項の規定を見ましょう。５項が適用されるのは，「直前届出をしている内国法人」が，「当該直前届出に係る定めを変更する場合」であって，「その変更が次の各号に掲げる事由に基因するものであるとき」です（図表４－20）。

【図表４－20】　法人税法施行令69条５項の構造

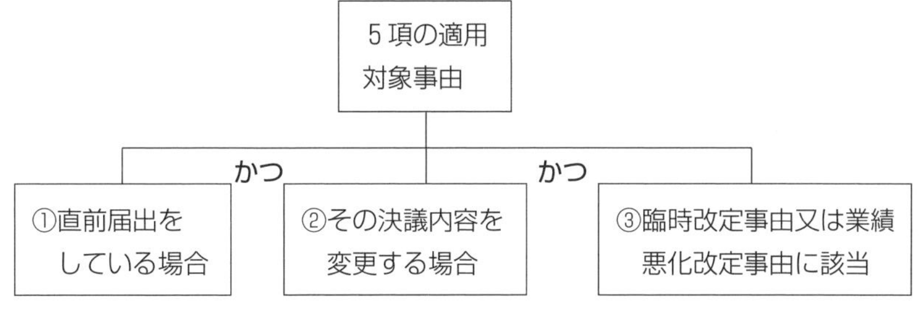

このように，５項の対象になるのはこの３要件を満たした場合，つまり，①かつ②かつ③の場合だけですから，①「直前届出をしている内国法人」が，②「当該直前届出に係る定めを変更する場合」であっても，③「その変更が次の各号に掲げる事由に基因するもの」でないときには，５項は適用されません。

編集者　それは理解できます。

はい。このように５項が適用されるのは，①かつ②かつ③の場合ですが，その場合は，**「前項の規定にかかわらず」**，５項所定の日が届出期限となります。この「前項の規定にかかわらず」という文言がポイントなのですが，第１章で説明しましたが，覚えていますか？

編集者　う～ん，例外ではなかったかな？

はい，そうです。念のためもう一度説明すると，**「〇〇の規定にかかわらず」**という用語は，「〇〇の規定を適用しないで」という意味をあらわす法令用語です。つまり，ある事項に対して，**原則的規定**の〇〇の適用を排除し，**例外規定**が適用されることを意味しています（図表４－21）。

【図表４－21】「〇〇の規定にかかわらず」

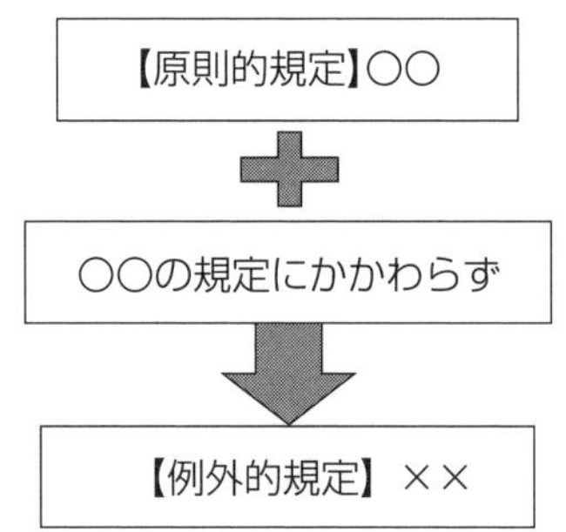

編集者　「前項の規定にかかわらず」という法令用語の意味から，５項の要件を満たした場合に５項が適用されることはわかるのですが，５項の要件を満たしていない場合には，すべて４項が適用されるということが，まだピンときません。

端的に言えば，例外規定が適用されない場合には，原則規定に戻って適用がなされるということです。

４項は，「法第34条第１項第２号イに規定する届出」については，「第１号に掲げる日（括弧内省略）までに…しなければならない」と規定しているので，4項が，法人税法34条1項2号イの届出の期限を規定した規定ということがわかります。つまり，届出期限に関する**「原則規定」**ということになります。したがって，5項の例外規定に該当しない場合は，原則規定である4項が適用されるということになります（図表4－22）。

【図表4－22】　臨時改定事由等を欠く場合の適用関係

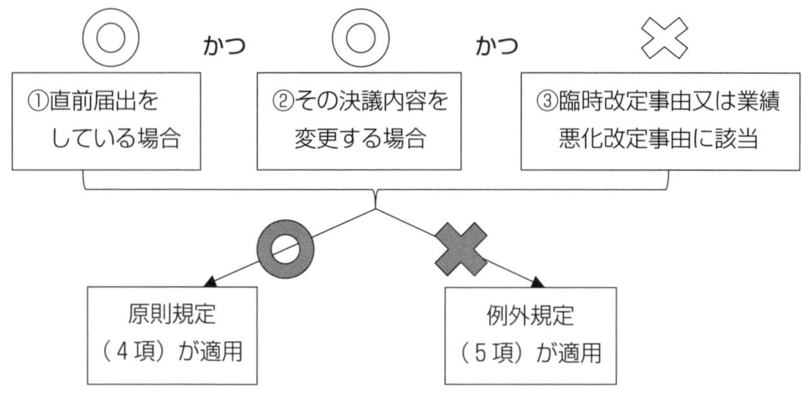

編集者　なるほど。こうやって条文を読み解くわけですね。

はい，法令用語の意味を確認して，丁寧に見ていけば読み解けるので，問題にぶち当たったら，まずは条文を読み解いてみてください。

2　裁判所の判断の問題点を検討する

では，減額事案についても，裁判所の判断の問題点を検討しましょう。

判断部分を引用します。

「ア　事前確定届出給与該当性の要件について

法人税法34条1項2号の規定によれば，内国法人がその役員に対して支給する給与が事前確定届出給与に該当し，その額がその内国法人の各事業年度の所得の金額の計算上，損金の額に算入されるためには，その役員給与がその役員の職務につき所定の時期に確定額を支給する旨の事前の定めに基づいて支給する給与であることと，政令で定めるところにより納税地の所轄税務署長にその事前の定めの内容に関する届出がされていることとを要するところ，**その規定の文言の合理的解釈として，役員給与がこれらの要件を満たすためには，当該役員給与の支給が実際に所轄税務署長に届出がされた事前の定めのとおりにされることを要するというべきである**。

（中略）

イ　役員給与の支給が所轄税務署長に届出がされた事前の定めのとおりにされたことと実際の支給額が減額された場合について

役員給与の支給が所轄税務署長に届出がされた事前の定めに係る確定額を超えてされた場合には，それにもかかわらず当該役員給与の額を損金の額に算入することとすれば，その支給額をほしいままに決定し，法人の所得の金額を殊更に少なくすることにより，法人税の課税を回避するなどの弊害が生ずるおそれがあり，課税の公平を害することとなるのであり，当該役員給与の支給は所轄税務署長に届出がされた事前の定めのとおりにされたということができないことは明らかであるが，役員給与の支給が所轄税務署長に届出がされた事前の定めに係る確定額を下回ってされた場合には，役員給与の額が減額されることにより，法人の所得の金額は多くなるから，そのことのみを考慮する限りは上記弊害が生ずるおそれはないようにみえる。しかし，役員給与の支給が所轄税務署長に届出がされた事前の定めに係る確定額を下回ってされた場合も，役員給与の支給が所轄税務署長に届出がされた事前の定めのとおりにされなかった場合にほかならず，この場合には，当該役員給与は事前確定届出給与該当性の要件を満たさないこととなり，これを実質的にみても，役員給与の支給の恣意性が排除されていることに基づいて事前確定届出給与の額が損金の額に算入することとされた趣旨に照らして，このような役員給与が事前確定届出給与に該当することとするのは相当でないことは，上記アのとおりである。**また，役員給与の支給が所轄税務署長に届出がされた事前の定めに係る確定額を下回ってされた場合であっても，当該役員給与の額を損金の額に算入することとすれば，事前の定めに係る確定額を高額に定めていわば枠取りをしておき，その後，その支給額を減額して損金の額をほしいままに決定し，法人の所得の金額を殊更に少なくすることにより，法人税の課税を回避するなどの弊害が生ずるおそれがないということはできず，課税の公平を害することとなるのであって，**これらによれば，役員給与の支給が所轄税務署長に届出がされた事前の定めに係る確定額を下回ってされた場合であっても，当該役員給与の支給は所轄税務署長に届出がされた事前の定めのとおりにされたということができない以上，事前確定届出給与に該当するということはできないというべきである。法人税法施行令69条３項の規定が，事前確定届出給与に関する届出（直前届出）をしている内国法人が業績悪化改定事由に基因して当該直前届出に係る事前の定めに基づく給与の額を減額する場合においては，当該変更後の事前の定めの内容に関する届出（変更届出）は，所定の変更届出期限までに，所定の方式をもってしなければならないと定めているのは，役員給与の支給が所轄税務署長に届出がされた事前の定めに係る確定額を下回ってされた場合であっても，政令で定めるところにより納税地の所轄税務署長に当該変更後の事前の定めの内容に関する届出がされていない限り，当該役員給与の支給は所轄税務署長に届出がされた事前の定めのとおりにされたということができず，法人税法34条１項２号に規定する定めに基づいて支給する給与に当たらなくなることを前提とするものであるということができる。」（下線強調は筆者）

「内国法人がその役員に対してその役員の職務につき所定の時期に確定額を支給する旨の事前の定めに基づいて支給する給与について一の職務執行期間中に複数回にわたる支給がされた場合に，当該役員給与の支給が所轄税務署長に届出がされた事前の定めのとおりにされたか否かは**，特別の事情がない限り，個々の支給ごとに判定すべきものではなく，当該職務執

行期間の全期間を１個の単位として判定すべきものであって，当該職務執行期間に係る当初事業年度又は翌事業年度における全ての支給が事前の定めのとおりにされたものであるときに限り，当該役員給与の支給は事前の定めのとおりにされたこととなり，当該職務執行期間に係る当初事業年度又は翌事業年度における支給中に１回でも事前の定めのとおりにされたものではないものがあるときには，当該役員給与の支給は全体として事前の定めのとおりにされなかったこととなると解するのが相当である。

何故ならば，株式会社ほかの法人と役員との関係は委任に関する規定に従い（会社法330条等），取締役の報酬，賞与その他の役員給与は役員の職務執行の対価たる性質を有するものであるところ，取締役の報酬及び賞与については，いわゆるお手盛りの防止の観点から，定款にその額を定めていないときは株主総会の決議によって定める（同法361条１項）とされ，取締役が株主総会の決議によって選任され（同法329条１項），その任期が原則として選任後２年以内に終了する事業年度のうち最終のものに関する定時株主総会の終結の時までとする（同法332条）とされることに合わせて，毎事業年度の終了後一定の時期に招集される定時株主総会の決議により，次の定時株主総会までの間の取締役の給与の支給時期及び支給額が定められるのが一般的であることによれば，内国法人がその役員に対してその役員の職務につき所定の時期に確定額を支給する旨の事前の定めに基づいて支給する給与は，特別の事情がない限り，当該役員給与に係る職務執行期間の全期間の当該役員の職務執行の対価として一体的に定められたものであると解することができるのであり，上記役員給与について一の職務執行期間中に複数回にわたる支給がされた場合であっても，直ちには，個々の支給ごとに当該職務執行期間を複数の期間に区分し，各期間の当該役員の職務執行の対価として個別的に定められたものであると解することはできないというべきである。そして，そのことを前提とすると，内国法人がその役員に対してその役員の職務につき所定の時期に確定額を支給する旨の事前の定めに基づいて支給する給与について一の職務執行期間中に複数回にわたる支給がされた場合であっても，当該役員給与の支給が所轄税務署長に届出がされた事前の定めのとおりにされたか否かは，上記特別の事情がない限り，個々の支給ごとに判定すべきものではなく，当該職務執行期間の全期間を１個の単位として判定すべきものであるとするのが，事前の定めを定めた株主総会の決議の趣旨に客観的に適合し相当であるからである。また，役員給与の支給が所轄税務署長に届出がされた事前の定めのとおりにされたか否かは，当該職務執行期間の全期間を１個の単位として判定すべきものではなく，個々の支給ごとに判定すべきものであるとすれば，事前の定めに複数回にわたる支給を定めておき，その後，個々の支給を事前の定めのとおりにするか否かを選択して損金の額をほしいままに決定し，法人の所得の金額を殊更に少なくすることにより，法人税の課税を回避するなどの弊害が生ずるおそれがないということはできず，課税の公平を害することとなるのであって，上記(1)のとおり，事前確定届出給与の支給については役員給与の支給の恣意性が排除されており，その額を損金の額に算入することとしても課税の公平を害することはないことから，事前確定届出給与の額が損金の額に算入することとされたという事前確定届出給与の趣旨が没却されることとなる。」（下線強調は筆者）

(1)　争点１：「事前確定届出給与」該当性の要件について

増額支給の裁判例と同じように，「事前確定届出給与」該当性の要件が第１の争点となっています。判断の内容は，ほぼ増額支給の場合と同じです。もっとも，時系列からいえば，減額支給の裁判例の方が増額支給よりも前なので，増額支給の裁判例が減額支給の判決をコピペしたということにはなりますが。

内容としては，「実際の支給が，所轄の税務署長に届出された事前の定めのとおりになされたこと」というものです。つまり，届出を基準とする決議vs支給額という関係になっています。このような解釈をすることの問題点は，増額事案の際に述べたとおりです。

⑵ 争点２：複数回支給された場合の「事前確定届出給与」該当性について

これも，増額支給の裁判例と同じく，個々の支給ごとに判断するのではなく，１回でも事前の定めのとおりに支給されないものがあるときは，全体が「事前確定届出給与」に該当しないと判断しています。

理由の１つは増額支給事案と同じように，職務執行期間の全期間の対価として定めたものであることを根拠にしています。もう１つの理由は，増額支給事案ではなかったものですが，「法人税の課税を回避するなどの弊害が生ずるおそれがないということはできない」という二重否定でわかりにくい文ですが，要は，租税回避のおそれがあるということを根拠としています。

困ったときの**「租税回避のおそれ」**です。条文からも導き出せないので，「黄門様の印籠」を出してきたというところでしょうか。

編集者　租税回避のおそれがあるというのは「何解釈」になるのでしょうか？

まあ，法人税法の趣旨といったところでしょうか。まあ，このようなざっくりした趣旨を根拠にしなければならないということ自体，条文上の根拠が脆弱ということの証です。

では，裁判所が想定していると思われる租税回避の具体的ケースをサンプルとして，検討してみましょう。

４回の複数支給が決議された場合で，２回目が減額支給，３回目が支給なしのケースを考えてみましょう（**図表４－23**）。個別に判断する場合には，①と④は事前確定届出給与に該当し，②と③は該当しないことになります。そうすると，このような支給を選択的にした場合には，①と④が損金となってしまうので，租税回避になるというわけです。損益の状況を見つつ，決算期前に予想より利益が出そうな場合に，事前どおりに４回目に支給することで課税所得を圧縮するおそれがあるということでしょう。なので，このようなことが起きないように，全部，損金不算入にするということを言っているわけですね。

【図表４－23】　裁判所が想定していると思われる租税回避のケース

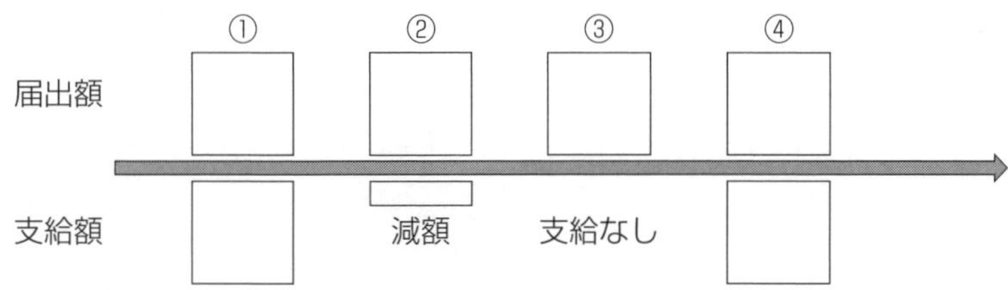

編集者　でも，実際には，２回目と３回目で会社の状況が悪化して，減額せざるを得なかったけれど，期末頃に回復したということだってありますよね。

はい，特に，経済環境が目まぐるしく変化する今日では，特別な状況でもないと思います。したがって，このような支給状況をもって，一般的に租税回避を意図しているとは推認できないと思います。

そもそも，事前確定届出給与の話に限らず，課税庁や裁判所が考える「通常のケース」というのは，非常に限られたケースを想定していると思います。その限定されたケースを念頭に置いているので，そのケースから外れると，不自然であって，租税回避を目的にしているなどと評価することが多いですね。法人税法132条の２（組織再編成に係る行為又は計算の否認）の否認事例に顕著に表れていると思います。

しかし，租税回避か否かというのは，事実認定及び当該事実の評価の問題であって，個別の事案ごとに検討すべき事項だと思います。それを，複数回に支給するような決議をすれば，租税回避に利用されるかもしれないということを想定し，これをつぶすために，租税回避でない場合も課税するという解釈をするのは，課税する主体である課税庁が考えそうなことではあっても，中立的な判断者である裁判所がやることではないですね。

編集者　そう考えると，裁判所は課税庁よりの考え方をしているという感じですね。

はい。多くの裁判例を分析していると，その傾向がよく見えてくると思いますよ。

加えて，法人税法は，このような租税回避的な事案の場合には，法人税法132条で否認するという建付けを採っているので，本来，法人税法132条該当性として，個別に判断すべきことです（図表４－24）。そもそも，条文の解釈からも全体的に判断するということは導けないので，この判決は，無理な縮小解釈による課税を適法とするものであって，違法であると思います。

【図表４－24】 行為否認規定と個別規定の適用関係

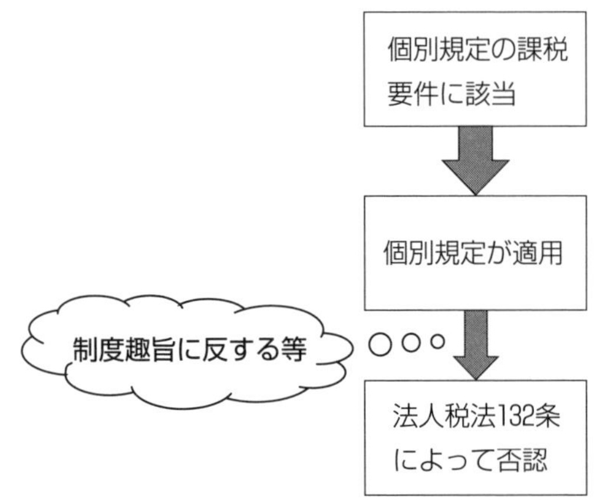

編集者　なるほど。租税回避のおそれを考慮して拡大又は縮小解釈すると，個別の事情のいかんを問わず，すべてのケースに適用されてしまうということですね。

はい。そのとおりです。

以上で，事前確定届出給与の増額・減額支給に関する条文操作及び解釈の帰結と，裁判例の分析検討は終了ですが，条文の威力はすごいことを実感してもらえましたか？

編集者　自分でできるかどうかは不安ですが，条文に照らして検討することの大事さは実感しました！

第 5 章

措置法37条の３第１項の「買換資産」や「適用を受けた者」の意味は？

【素材】 東京高裁令和４年５月18日判決（TAINSコード【所得税】Z888-2417）

【ポイント】

- 法規的解釈の意義及び法的効果
- 条文解釈における法令間の調和の必要性
- 国税通則法における租税債務の発生・確定・消滅に関する構造

本裁判例は，筆者が訴訟代理人として訴訟遂行した事案です。結果は，東京地裁で棄却，東京高裁でも棄却，さらに最高裁に上告受理申立てをしましたが，何らの具体的な理由もなく不受理決定をされてしまいました。しかし，これらの各裁判所の判断は，条文解釈のルールに反するのみならず，国税通則法の規定にも反します。

悲しいことに，現在の裁判所では，国側を負けさせることができない理由があるようで，理屈がおかしくても，無理やり国側を勝たせる判断をすることが往々にしてあります。本件もその一例だと思います。

したがって，形式的には用意されている法的救済措置をあてにすることなく，税務調査の段階で，条文に基づいた的確な主張を展開していく必要があります。その意味で，本事案は，条文の解釈や，通常の税実務ではあまり参照しない国税通則法の規定の理解に最適な事案だと思います。これまでの章で学んだ条文解釈や条文読解を駆使してトライしてみてください。

I　事案の概要

納税者Xは，昭和59年中に，その父から，賃貸用の土地（以下「本件土地1」といいます）とその他の資産を，同額の借入金の承継を条件に贈与を受けました。つまり，「負担付贈与」で本件土地1等を承継したということです。そして，本件土地1とその上に所在する建物を昭和62年中に売却し，その資金で新たに賃貸用の建物を建築（以下「本件建物」といいます）しました。

Xは，昭和62年度の確定申告において，本件土地1の売却について，措置法37条1項14号で定める所有期間の10年を満たし，同項が適用できると考えて，本件土地1の譲渡所得を0円と記載して確定申告をしました。しかし，負担付贈与は所得税法60条1項1号の「贈与」に該当しないため，Xの父が取得した際の取得価額や取得時期が引き継がれないことから（最高裁昭和63年7月19日判決・判時1290号56頁），実際には，昭和59年の負担付贈与時からカウントされることになり（約3年の所有期間），14号の所有期間要件を満たしていませんでした。

このようにXは，措置法37条1項が適用できるとしてその旨の確定申告をしたので，その後の年度の確定申告において，措置法37条の3を適用するはずのところ，措置法37条1項を適用していたこと自体を失念し，措置法37条の3を適用せずに申告をしていました。つまり，誤って37条1項を適用したのに，さらに，それを失念するという二重の誤りをしたということです。

それにもかかわらず，所轄税務署からは何らの質問や是正措置もなかったところ，平成26年中に買換資産として取得した本件建物を第三者に売却したことから税務調査が入り，昭和62年の本件土地1の譲渡が措置法37条1項の要件を満たしていないとしても，適用できるとして確定申告をした以上，措置法37条の３第１項が適用されるとして，更正処分がなされました。

やや長くなりましたが，以上が事案の概要です。本事案に適用される規定は現行のものとは異なるので，以下に適用条文を引用しておきます。

【参考】（特定の事業用資産の買換えの場合の譲渡所得の課税の特例）

措置法37条　個人が，昭和45年１月１日から昭和65年12月31日までの間に，その有する資産（所得税法第２条第１項第16号に規定する棚卸資産その他これに準ずる資産で政令で定めるものを除く。以下この条，第37条の４及び第37条の５において同じ。）で次の表の各号の上欄に掲げるもののうち事業（事業に準ずるものとして政令で定めるものを含む。以下第37条の５までにおいて同じ。）の用に供しているものの譲渡（譲渡所得の基因となる不動産等の貸付けを含むものとし，第33条から第33条の３までの規定に該当するもの及び贈与，交換又は出資によるものその他政令で定めるものを除く。以下この条において同じ。）をした場合において，当該譲渡の日の属する年の12月31日までに，当該各号の下欄に掲げる資産の取得（建設及び製作を含むものとし，贈与又は交換によるものその他政令で定めるものを除く。以下第37条の３までにおいて同じ。）をし，かつ，当該取得の日から１年以内に，当該取得をした資産（第37条の３までにおいて「買換資産」という。）を当該各号の下欄に規定する地域内にある当該個人の事業の用（同表の第14号又は第16号の下欄に掲げる船舶については，その個人の事業の用。以下この条及び次条において同じ。）に供したとき（当該期間内に当該事業の用に供しなくなったときを除く。），又は供する見込みであるときは，当該譲渡による収入金額が当該買換資産の取得価額以下である場合にあっては，当該譲渡に係る資産の譲渡がなかったものとし，当該収入金額が当該取得価額を超える場合にあっては，当該譲渡に係る資産のうちその超える金額に相当するものとして政令で定める部分の譲渡があったものとして，第31条若しくは第32条又は所得税法第33条の規定を適用する。

措置法37条の３　法37条第１項（同条第３項及び同４項において準用する場合を含む。以下この条において同じ。）の規定の適用を受けた者（前条第１項若しくは第２項の規定による修正申告を提出し，又は同条第３項の規定による更正を受けたため，第37条第１項の規定による特例を認められないこととなった者を除く。）の買換資産に係る所得税法第49条第１項の規定による償却費の額を計算するとき，又は当該買換資産の取得の日以降その譲渡（譲渡所得の基因となる不動産等の貸付けを含む。），相続，遺贈若しくは贈与があった場合において，譲渡所得の金額を計算するときは，政令で定めるところにより，当該買換資産の取得価額は，次の各号に掲げる金額（第37条第１項の譲渡に要した費用があるときは，政令で定めるところにより計算した当該費用の金額を加算した金額）とする。

Ⅱ　問題の所在と課税要件の抽出

まずは，本事案における問題の所在について，整理しましょう。

事案の概要で説明したとおり，本件土地１は，措置法37条１項14号に規定する所有期間の10年を満たしていなかったので，本来，同号を適用することはできません。したがって，更正の除斥期間前であれば，課税庁は，迷うことなく，措置法37条１項が適用されないとして，国税通則法24条に基づき所得税法33条を適用して，本件土地１のキャピタル・ゲインを短期譲渡所得として課税したはずです。しかし，実際には，更正の除斥期間が徒過してしまった後にこれに気が付いたので，昭和62年度の確定申告を更正処分する代わりに，措置法37条の３第１項が適用できるとして課税したわけです。

このように，客観的には，措置法37条１項所定の要件を満たしていない場合に，主観的に満たすと錯誤して確定申告すると，その結果，措置法37条の３第１項が課税できることになるのか，つまり，同項所定の課税要件を満たすことになるのか，というのが問題の所在です（**図表５－１**）。

【図表５－１】　本事案の問題の所在

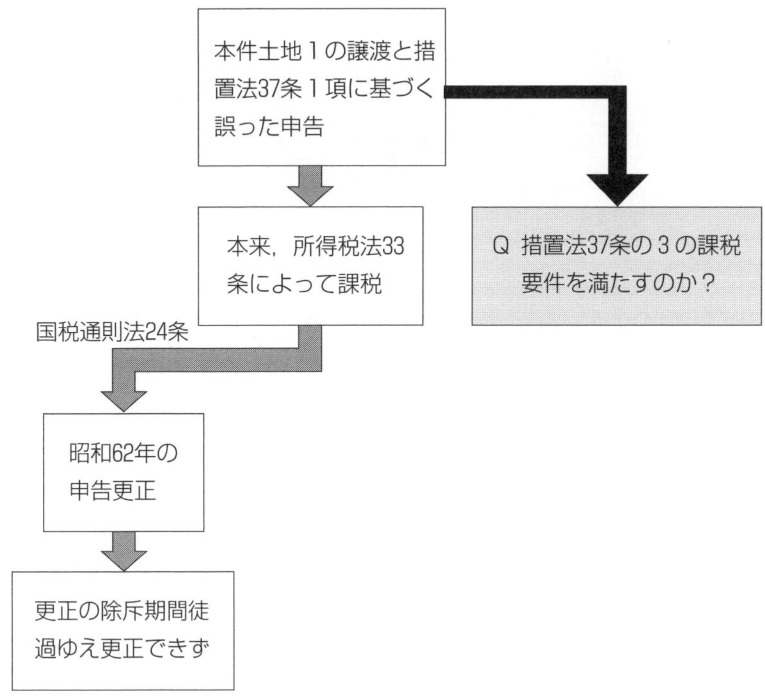

では，この問題を検討するにあたって，これまでと同様，まずは課税要件を確認しましょう。措置法37条の３第１項を適用するためには，「第37条第１項（同条第３項及び同４項において準用する場合を含む。以下この条において同じ。）の規定の適用を受けた者（前条第１項若しくは第２項の規定による修正申告を提出し，又は同条第３項の規定による更正を受けたため，第37条第１項の規定による特例を認められないこととなった者を除く。）の買換資産に係る所得税法第49条第１項の規定による償却費の額を計算するとき，又は当該買換資産の取得の日以降その譲渡（譲渡所得の基因となる不動産等の貸付けを含む。），相続，遺贈若しくは贈与があった場合」であることを満たす必要があります。つまり，措置法37条の３第１項の課税要件は，①**「法37条第１項の規定の適用を受けた者」であること，②「買換資産」の償却費の額の計算をする**

とき又は譲渡等があった場合であること，ということになります（図表５－２）。

【図表５－２】　措置法37条の３第１項の課税要件

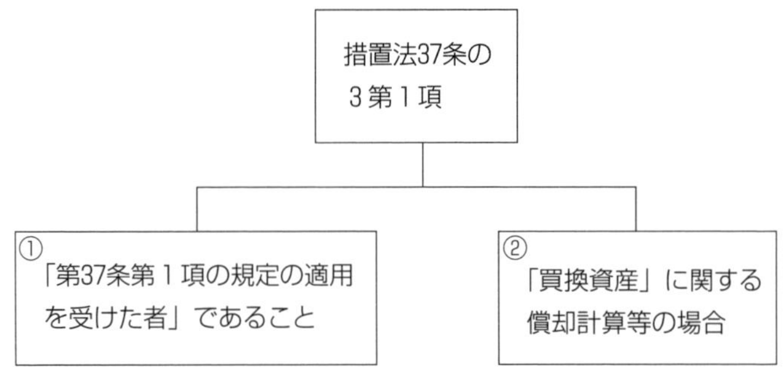

Ⅲ　裁判所の判断

これに対し，東京地裁及び東京高裁は，本事案は上記課税要件をいずれも満たすと判断したわけですが，この東京高裁の判断は，ほぼ，東京地裁の判断を引用した内容になっていますので，東京高裁の判決文だけを引用しておきます。なお，下線部分は，高裁において訂正又は追加された箇所です。

「１　争点⑴（本件資産の取得価額―租税特別措置法37条の３第１項柱書き及び同項３号の規定の適用の可否）について

⑴　本件では，租税特別措置法37条の３第１項柱書きに規定する『第37条第１項（括弧内略）の規定の適用を受けた者（括弧内略）』の解釈が争われているので，以下，この点について検討する。

ア　租税特別措置法37条１項の規定による特例は，個人が事業の用に供している一定の資産を譲渡した上で，所定の期間内に買換資産を取得し，その取得の日から１年以内に当該買換資産を事業の用に供する場合等において，課税の繰延べを認めている。本来，個人が事業の用に供している資産を譲渡した場合には，原則として，当該資産を所有していた期間におけるキャピタル・ゲインに対する課税がされることになるが，その結果として，設備更新による企業設備の合理化等の意欲がそがれるおそれがあることから，それを防ぐために，当該特例が置かれたものと解される。

この繰り延べられたキャピタル・ゲインに対する課税については，その後に買換資産の譲渡等がされた際に実現されるべきことになるところ，租税特別措置法37条の３第１項は，このような仕組みを，譲渡した資産の取得価額を取得した買換資産に引き継がせるという形で表現し，その取得価額の計算等について規定を置いている。

イ　租税特別措置法37条の３第１項柱書きは，『第37条第１項（括弧内略）の規定の適用を受けた者（括弧内略)』と定めているところ，一般に，『適用』との文言は，法令の規定を対象となる者，事項，事件等に対してあてはめ，これを働かせることを意味するものである。そして，同法37条の３第１項柱書きは，当該文言に続けて，それ『を受けた者』と定めており，それ『を受けることができる者で，その適用を受けたもの』などとは定めていない。このような文理等に照らすと，自ら同法37条１項の規定を当てはめて同項に規定する要件を満たすとする確定申告書を提出し，これを働かせて同項の規定の適用による課税の繰延べという効果を享受した者は，これに係る修正申告書の提出又は更正処分がされない限り，客観的にみて当該要件を満たしていたか否かにかかわらず，『第37条第１項（括弧内略）の規定の適用を受けた者（括弧内略)』に該当することになると解される。

また，自ら租税特別措置法37条１項の規定を当てはめて同項に規定する要件を満たすとする確定申告書を提出し，これを働かせて同項の規定の適用による課税の繰延べという効果を享受した者は，これに係る修正申告書の提出又は更正処分がされない限り，当該確定申告書の提出時から客観的にみて当該要件を満たしていなかったとしても，その効果を享受していることになるところ，それにもかかわらず，以上で述べた解釈とは異なり，同法37条の３第１項柱書きに規定する『第37条第１項（括弧内略）の規定の適用を受けた者（括弧内略）』には該当せず，同法37条の３第１項の規定が適用されないことになると解すると，上記アで述べた同項の規定の趣旨，すなわち繰り延べられたキャピタル・ゲインに対する課税を実現しようとする趣旨に反する結果となるから，この点でも，以上で述べた解釈が採用されるべきものといえる。

ウ　これに対し，原告らは，前記第２の４⑴イ㈠ａ及びｂのとおり，①一般に，法令に規定する要件を満たさない場合には，当該規定を適用することができないこと，②租税特別措置法37条の３第１項柱書きが二つ目の括弧書きにおいて定める除外事由等を考慮すると，被告の主張する解釈（なお，当該解釈は，その結論において，上記イで述べた解釈に沿うものといえる。）では，確定申告書の提出時から同法37条１項に規定する要件を満たしていなかったにもかかわらず，誤って同項の規定の適用を受けたが，その後にこれに係る修正申告書の提出又は更正処分がされて同項の規定の適用が否定された場合には，二重課税という不合理な結果が生じてしまうこと，③租税法規の解釈は，原則として文理解釈によるべきであるところ，確定申告書の提出時から当該要件を満たしていなかったにもかかわらず，誤って同項の規定の適用を受けた場合において，その後にこれに係る修正申告書の提出又は更正処分がされず，繰り延べた譲渡所得に対する課税ができない事態が生じたとしても，それは，本件税務署長がこの点に関する調査をせず，漫然と，更正処分の除斥期間を徒過したことに原因があるといわざるを得ないし，当該事態を回避するために，被告の主張するような文理に反した解釈をすることは，租税法律主義の原則に反して許されないというべきであること，④同項の規定による特例の趣旨が課税の繰延べであるとしても，そもそも当該要件を満たさない場合には，課税の繰延べ効果は発生しないし，同法37条の３第１項の規定の趣旨を踏まえても，被告の主張する解釈を導くことができないこと，⑤租税特別措置法37条１項の要件を満たさないにもかかわらず，これを満たすものとして確定申告書が提出された場合，これを是正するための更正処分は除斥期間内に行わなければならないが（国税通則法70条），除斥期間を徒過した場合においても租税特別措置法37条の３を適用して課税することは，国税通則法70条の制度趣旨に反し，許されないこと，⑥本件父による本件土地１の譲渡は，租税特別措置法37条１項の要件を満たしていないので，昭和62年分で課税されるべきキャピタル・ゲインに対する抽象的租税債務は繰り延べられないところ，同キャピタル・ゲインに対する国税の徴収権は，既に時効により消滅しているので，租税債務自体が存在せず，租税特別措置法37条の３による課税の前提を欠くことなどを理由として，前記第２の３(3)の本件土地１の譲渡につき当該要件を満たさない場合には，同項柱書きに規定する『第37条第１項（括弧内略）の規定の適用を受けた者（括弧内略）』に該当するということはできない旨などを主張する。

しかしながら，自ら租税特別措置法37条１項の規定を当てはめて同項に規定する要件を満たすとする確定申告書を提出し，これを働かせて同項の規定の適用による課税の繰延べという効果を享受した者は，これに係る修正申告書の提出又は更正処分がされない限り，客観的にみて当該要件を満たしていたか否かにかかわらず，同法37条の３第１項に規定する『第37条第１項（括弧内略）の規定の適用を受けた者（括弧内略）』に該当することになると解されることは，上記イで述べたとおりである。そして，同法37条の３第１項柱書きは，『第37条第１項（括弧内略）の規定の適用を受けた者（括弧内略）』と定めているところ，その文理等に照らし，同項の規定の適用を受けることができたか否かではなく，同項の規定の適用を受けたか否かが問題にされていることは明らかであるから，上記①の理由をもって，上記イで述べた解釈が左右されることはないものといえる。

また，上記②で問題とされている場合（確定申告書の提出時から租税特別措置法37条１項に規定する要件を満たしていなかったにもかかわらず，誤って同項の規定の適用を受けたが，その後にこれに係る修正申告書の提出又は更正処分がされて同項の規定の適用が否定された場合）には，もはや同項の規定の適用による課税の繰延べという効果を享受していないから，上記イで述べた解釈を前提としても，同法37条の３第１項柱書きに規定する『第37条第１項（括弧内略）の規定の適用を受けた者（括弧内略）』に該当することはなく，原告らの主張するような不合理な結果は生じないものと解される。なお，同法37条の３第１項柱書きは，二つ目の括弧書きにおいて，『第37条第１項（括弧内略）の規定の適用を受けた者』から『前条第１項若しくは第２項の規定による修正申告書を提出し，又は同条第３項の規定による更正を受けたため，第37条第１項の規定による特例を認められないこととなった者』を除く旨を定めているところ，これは，同法37条の３の直前に置かれた同法37条の２第１項から３項までにおいて，事後的に当該要件を満たさなくなった場合における修正申告書の提出又は更正処分について規定が置かれていることから，それに対応して，その修正申告書の提出又は更正処分がされたときには当然のことながら同法37条の３第１項の規定が適用されないということを定めたものにとどまるし，この二つ目の括弧書きの規定をもって，上記イで述べた解釈が左右されることはないものと解される。

加えて，憲法84条に規定する租税法律主義の原則に照らすと，租税法規はみだりに規定の文言を離れて解釈すべきものではないというべきであり（最高裁昭和43年（行ツ）第90号同48年11月16日第二小法廷判決・民集27巻10号1333頁，最高裁平成19年（行ヒ）第105号同22年３月２日第三小法廷判決・民集64巻２号420頁，最高裁平成26年（行ヒ）第190号同27年７月17日第二小法廷判決・裁判集民事250号29頁参照），上記③の理由は，これを前提としたものと解されるが，上記イで述べた解釈は，租税特別措置法37条の３第１項柱書きの規定の文理等に照らして解釈したものであり，みだりに規定の文言を離れて解釈したものではないから，原告らの主張するように，租税法律主義の原則に反するなどということはできない。

上記④については，租税特別措置法37条１項の規定の適用場面のみを考えれば，同項に規定する要件を満たさない場合には，同項の規定の適用による課税の繰延べをすべきではないことになるが，本件で問題になっているのは，それにもかかわらず，同項の規定の適用による課税の繰延べという効果を享受した者が，その後，同法37条の3第1項の規定の適用場面において，同項に規定する『第37条第1項（括弧内略）の規定の適用を受けた者（括弧内略）』に該当するか否かであり，同法37条の3第1項の規定の趣旨，すなわち繰り延べられたキャピタル・ゲインに対する課税を実現しようとする趣旨に照らすと，実際に，同法37条1項の規定の適用による課税の繰延べという効果を享受していることを捨象して検討することは相当ではないし，また，上記イで述べた解釈とは異なる解釈によると，当該趣旨に反する結果になることは，上記イで述べたとおりである。控訴人らは，同法37条1項の要件を満たしていない場合は，課税の繰延べ効果は生じない旨主張するが，申告納税制度の下では，納税者が租税特別措置法37条1項の規定の適用を受ける旨の確定申告書を提出した場合は，当該納税者はこれによって同項の適用を受け，課税の繰延べ効果が生じるというべきであり，控訴人らの主張は理由がない。

上記⑤については，国税通則法70条により許されないのは，本件父が，本件土地1の譲渡に係る昭和62年分の分離長期譲渡所得の金額の計算上，租税特別措置法37条1項の規定の適用を受けたことに対して，同項の適用を否認して昭和62年分の所得税を追徴課税することであり，本件父が，同法37条1項の要件を満たすとする確定申告書を提出し，同項の規定の適用による課税の繰延べ効果を享受した後，本件資産が同法37条の3第1項の柱書きに規定する『第37条第1項（括弧内略）の規定の適用を受けた者（括弧内略）の買換資産』に該当するとして，同法37条の3第1項の規定を適用することは，何ら国税通則法70条の趣旨に抵触するものではないというべきである。

上記⑥については，本件において課税の繰延べ効果が生じていることは，上記④についての判断で説示したとおりである上，本件は，買換資産である本件資産によって生じた平成26年分の譲渡所得を課税対象とするものであって，本件土地１によって生じた昭和62年分の譲渡所得を課税対象とするものではないから，国税の徴収権の消滅時効は問題にはならず，控訴人らの主張は失当である。

その他にも，原告らは，るる主張するが，以上で述べた当裁判所の判断に反するものであるか，あるいは，当該判断に直接関わらないものであってこれを左右しないものであるから，いずれも採用の限りではない。

したがって，この点に関する原告らの主張は理由がない。

⑵　前記⑴イで述べた解釈に照らし，本件父が租税特別措置法37条の３第１項柱書きに規定する『第37条第１項（括弧内略）の規定の適用を受けた者（括弧内略）』に該当するか否かについて検討すると，前記第２の３⑷から⑹までのとおり，本件父は，昭和62年分確定申告書の提出に当たり，前記第２の３⑶の本件土地１の譲渡に係る分離長期譲渡所得の金額の計算上，同項の規定の適用を受け，その買換資産として本件資産を取得したものであるから，本件父が，自ら同項の規定を当てはめて同項に規定する要件を満たすとする確定申告書を提出し，これを働かせて同項の規定の適用による課税の繰延べという効果を享受した者であったことは明らかである。そして，前記第２の３⑷のとおり，その後にこれに係る修正申告書の提出又は更正処分がされたこともないから，客観的にみて当該要件を満たしていたか否かにかかわらず，本件父は，同法37条の３第１項柱書きに規定する『第37条第１項（括弧内略）の規定の適用を受けた者（括弧内略）』に該当するものと認められる。

⑶ア　また，租税特別措置法37条の３第１項柱書きは，『第37条第１項（括弧内略）の規定の適用を受けた者（括弧内略）』との文言に続けて，そ『の買換資産』と定めているから，これが『第37条第１項（括弧内略）の規定の適用を受けた者（括弧内略）』を受けた規定であることは，その文理等に照らして明らかである。そして，自ら同項の規定を当てはめて当該要件を満たすとする確定申告書を提出し，これを働かせて同項の規定の適用による課税の繰延べという効果を享受した者は，これに係る修正申告書

の提出又は更正処分がされない限り，客観的にみて当該要件を満たしていたか否かにかかわらず，『第37条第１項（括弧内略）の規定の適用を受けた者（括弧内略）』に該当することになると解されることは，前記(1)イで述べたとおりであるし，上記(2)で述べたとおり，この『第37条第１項（括弧内略）の規定の適用を受けた者（括弧内略）』に該当する本件父が買換資産として取得した本件資産は，その『の買換資産』に該当するものと認められる。

イ　これに対し，原告らは，前記第２の４(1)イ(ウ)のとおり，租税特別措置法37条１項は，買換資産について，『当該譲渡の日の属する年の12月31日までに，当該各号の下欄に掲げる資産の取得（建設及び製作を含むものとし，贈与又は交換によるものその他政令で定めるものを除く。以下第37条の３までにおいて同じ。）をし，かつ，当該取得の日から１年以内に，当該取得をした資産（以下同条までにおいて「買換資産」という。）』と定めているところ，『当該譲渡』とは，その文理上，同項に規定する『個人が，昭和45年１月１日から昭和65年12月31日までの間に，その有する資産（括弧内略）で次の表の各号の上欄に掲げるもののうち事業（括弧内略）の用に供しているものの譲渡（括弧内略）』のことをいうものと解され，その他に，読替規定等も見当たらず，同法37条の３第１項の規定においても同様に解釈すべきものと考えられるから，同項に規定する『買換資産』についても，これに該当するためには，同表の各号の上欄に掲げる資産があり，その譲渡に対応して当該各号の下欄に掲げる資産を取得したことが必要になる旨などを主張する。

しかしながら，租税特別措置法37条の３第１項柱書きは，『第37条第１項（括弧内略）の規定の適用を受けた者（括弧内略）』との文言に続けて，その『の買換資産』と定めているから，これが『第37条第１項（括弧内略）の規定の適用を受けた者（括弧内略）』を受けた規定であることは，その文理等に照らして明らかであるし，『第37条第１項（括弧内略）の規定の適用を受けた者（括弧内略）』に該当する本件父が買換資産として取得した本件資産が，そ『の買換資産』に該当するとしても，その規定の文言をみだりに離れて解釈したことにはならないものと解される。

したがって，この点に関する原告らの主張は理由がない。

(4) また，原告らは，前記第2の4(1)イ(イ)のとおり，本件において租税特別措置法37条の3第1項3号に規定する『第37条第1項の譲渡』又は『当該譲渡』に該当する譲渡があったということはできない旨なども主張する。

しかしながら，租税特別措置法37条の3第1項3号の規定は，同項柱書きの規定を受け，同項柱書きに規定する要件を満たす場合の取得価額の計算等について定めるものであるから，同号に規定する『第37条第1項の譲渡』又は『当該譲渡』については，当該要件を前提としたものとして解するのが相当である。そして，自ら同項の規定を当てはめて同項に規定する要件を満たすとする確定申告書を提出し，これを働かせて同項の規定の適用による課税の繰延べという効果を享受した者は，これに係る修正申告書の提出又は更正処分がされない限り，客観的にみて当該要件を満たしていたか否かにかかわらず，『第37条第1項（括弧内略）の規定の適用を受けた者（括弧内略)』に該当することになると解されることは，前記(1)イで述べたとおりであるから，客観的にみて当該要件を満していなかったとしても，それをもって，直ちにここでいう『第37条第1項の譲渡』又は『当該譲渡』に該当しないことになるものではないと解される。

したがって，この点に関する原告らの主張は理由がない。」

Ⅳ　条文に基づいて本事案を解決する

裁判所の判断については後ほど検討するとして，まずは，本件における課税庁側の主張を見てみましょう。税務調査時にこのような主張をされた場合，どのようにアプローチしたら反論が構成できるのか，のヒントになると思います。

1　課税庁側の主張は法的な根拠に支えられているか？

本件では，事実認定に争いはないので，訴訟においても，専ら条文解釈が争点でした。

そして，措置法37条の３第１項が適用されるとする課税庁側の理由付けは，概要，①申告納税制度の下では，納税者が自主的に課税標準及び税額等を計算し，確定申告書を作成提出すれば，たとえ誤っていたとしても，修正申告又は更正処分がなされない限り当該課税標準が確定することから，その場合には「第37条第１項の規定の適用を受けた者」に該当すると解すべき，②仮に，同項が適用されないとすると，課税の繰延べという同項の趣旨に反することになる，というものでした。

編集者　理由②は趣旨に反するという言い分ですよね。理由①はよくわかりませんが，いずれも「文理解釈」ではなさそうですね。

いい点に気が付きました！　そうです。理由①も②も文理解釈ではありません。理由②は趣旨に基づく目的論的解釈の体裁をとっていますが，理由①については，根拠条文も示されていないので，条文解釈にもなっていません。大体において，課税庁側は，事実関係が条文の文言どおりに当てはまる時には文理解釈を主張しますが，そうでないときには，文理解釈をすることなく趣旨に反するため課税対象にすべきというような主張をしがちです。本件もその一例です。

編集者　そうなのですか。これまで教えてもらった条文解釈のルールからは逸脱していますね。

残念ながら，そうなのです。「課税すべき」という結論があって，それに合わせて，事案ごとに場当たり的に解釈方法を変えているという印象です。もう，いい加減このような現状は是正されるべきだと思いますけれど。それはさておき，理由①の意味は理解できますか？

編集者　理由①の，当初申告の税額等で確定するから，「適用を受けた者」になるということのようですが，イマイチよくわかりません。どういうことですか？

わかりにくいですよね。わかりにくい原因は，ロジックが飛んでいるからでしょう（図表５－３）。さらに言えば，前提事実で主張されている「課税標準等が確定する」という意味も不明確です。おそらく言いたいことは，当初申告が誤っていた場合であっても，修正申告も更正処分もされなければ，**「実質的には」**その条項を「適用」した場合と同じ結果になるので，当該条項を「適用」したものとみなして，その後の課税関係を考えるべきである（図表５－４），ということかと思います。

【図表５－３】　課税庁側の理由①はロジックが飛んでいる

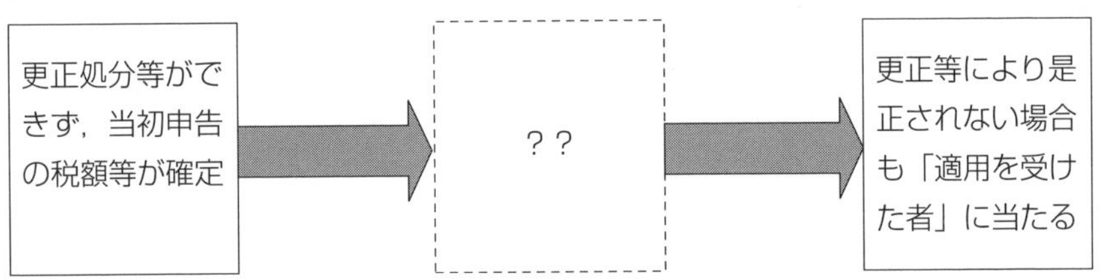

【図表５－４】　欠けているロジックを補完

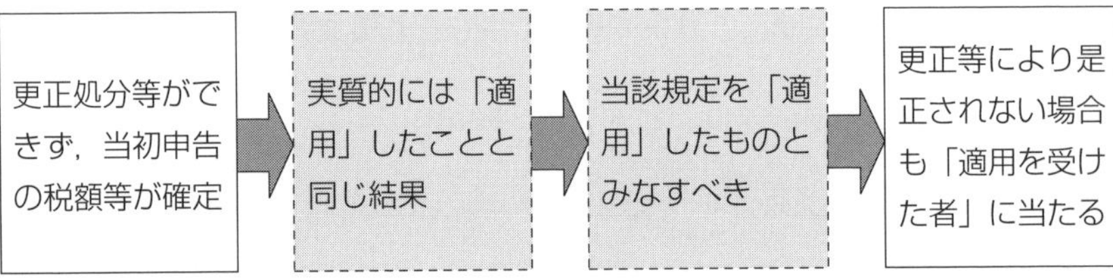

編集者　なるほど。そういうことを言っているのですね。確かに，当初申告時に課税されるべきキャピタル・ゲインが課税できなくなったので，「実質的には」措置法37条１項を適用したのと同じ結果になりますね。

この「実質的には」というのが，昔から税務における曲者なのですが，事実認定や事実の評価であれば形式面だけでなく実質面からも検討するということはあり得ます。ただ，条文解釈の場面では，条文から導出できない限り課税はできません。何と言っても，**「租税法律主義」**なので。

話を元に戻すと，**図表５－４**のロジックについては，先に言及したとおり，そもそも当初申告税額等が「確定」したという前提事実自体が不明確ですし，仮にこの前提が成り立つとしても，その結果，それを「適用」したものとみなすべきという考え方も１つの価値判断に過ぎません（**図表５－５**）。つまり，この論証のすべては単なる価値判断に過ぎず，法令上の明文規定や判例等の法的な根拠に支えられていないということであり，そこが最大の問題です。

【図表５－５】　理由①と「適用を受けた者」との論理的な関係

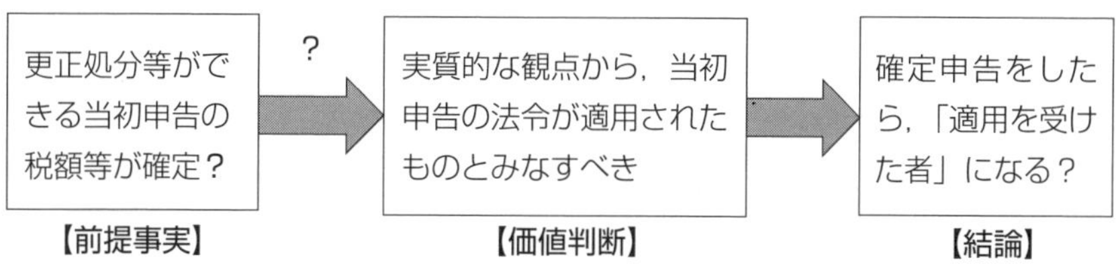

編集者　たしかに，法的根拠は示されていませんね。

はい。もし法的根拠があれば，間違いなく根拠条文を摘示しているはずです。

編集者　でも，税務調査時に調査官からこういった説明をされたら，課税実務としてそのように取り扱っているのかと思ってしまいますね。

いえいえ，そこは「租税法律主義」なので，必ず，条文上の根拠を確認してみてください。

いずれにせよ，課税庁の上記①の理由付けは，条文解釈として成立していません。また，趣旨を根拠とする理由②についても，「適用を受けた者」の解釈としては成り立たないのですが，これについては，判決においても同様の理由が述べられているので，後述します。

編集者　理由②もだめなのですか。でも，本件では，課税庁側が勝訴していますよね？

はい。悲しいことに，現在の税務訴訟はあまり機能していません。特に条文解釈が争点となるような場合では，いくら条文に沿った正当な主張をしても，裁判所はそれを無視するか，又は課税庁側も主張していないような不合理な理由で排斥し，課税庁を勝たせることが多いです。したがって，条文解釈が争点となるような場合は，特に，異議申立てや訴訟で争うのではなく，税務調査時に，法律意見書等を提出して，十分な主張をすることが肝要だと思います。

以降は，課税要件ごとに，条文解釈のルールや国税通則法の規定等に基づいて解釈をした納税者側の主張を説明した上で，これを否定した裁判所の判断の問題点を指摘したいと思います。

2　条文解釈による「買換資産」の内容と裁判所の判断の問題点

冒頭で言及したとおり，措置法37条の３第１項の課税要件は，①**「法37条第１項の規定の適用を受けた者」であること，②「買換資産」の償却費の額の計算をするとき又は譲渡等があった場合であること**，です（図表５－２）。

以下では，この課税要件①と②について検討するわけですが，いずれを先に検討した方がいいと思いますか？

編集者　判決文では①から検討していますよね。

はい，そうなのですが，実は②の方から検討した方が，①の解釈についても強い理由付けができます。というのも，条文上の文言の中には，解釈のより確かなもの又は優先的に解釈すべきものと，そうでないものがあります。そのような場合には，当然，前者の文言解釈をして後者の解釈をした方が合理的かつ確実性が高いですよね。本件の場合には，「買換資産」の解釈には，確実性があり，かつ，優先すべき文言なので，これから見ていきましょう。

⑴　「買換資産」には定義規定がある！

編集者　なぜ，「買換資産」の解釈に確実性があり，かつ，優先すべきであるといえるのですか？

その理由は，「買換資産」という文言は，措置法37条１項で定義されているからです。

具体的に言うと，「当該譲渡の日の属する年の12月31日までに，当該各号の下欄に掲げる資産の取得（建設及び製作を含むものとし，贈与又は交換によるものその他政令で定めるものを除く。以下第37条の３までにおいて同じ。）をし，かつ，当該取得の日から１年以内に，当該取得をした資産（以下第37条の３までにおいて「買換資産」という。）」という規定が，「買換資産」の定義になります。

そして，**「以下第37条の３までにおいて『買換資産』という」**と規定されていることからわかるように，この定義は，措置法37条の３の「買換資産」においても同様に扱われることになります。

編集者　定義があったのですね。それも，措置法37条の３ではないところに。

そうなのです。適用対象となる条文だけを見ていては，気が付かない場合があります。

例えば，本件で問題となっている「事業用資産の買換特例」は，措置法37条から37条の３までが１つのセットになっていますが，このようにセットになっている規定の場合には規定間で関連がありますから，問題となっている規定よりも前の規定についても注意を向けておいた方がいいです。特殊な用語の場合には，最初の方で定義がなされていることがありますので。

編集者　なるほど。注意してみます。

では次に，この「買換資産」の定義を読み解いていきましょう。読みやすくするために括弧内を省略した形にしてみましょう。そうすると，「買換資産」とは，「当該譲渡の日の属する年の12月31日までに，当該各号の下欄に掲げる資産の取得をし，かつ，当該取得の日から１年以内に，当該取得をした資産」となります。

編集者　譲渡の日の属する年の12月31日までに取得して，取得から１年以内に取得？？なんか変ですね。

はい。「取得して，取得」というのはオカシイですね。後半の「１年以内に・取得」の部分は，定義規定の後に出てくる「事業の用に供したとき又は供する見込みであるとき」に係るので，無視して構いません。本来であれば，「当該各号の下欄に掲げる資産」の後に「以下，『買換資産という。』」と入れたいところですが，「の取得」までを定義の内容として入れたいと考えて，やや中途半端な箇所に「以下，『買換資産という。』」が来てしまったのだと思います。

したがって，実質的には，「買換資産」とは，**「当該譲渡の日の属する年の12月31日までに取得をした，当該各号の下欄に掲げる資産」**と読み替えることができます。

編集者　なるほど。大分わかりやすくなりますね。

はい。次に，「当該譲渡」と「当該各号」の内容を読み解く必要があります。そこで，**「当該」**という用語が指す内容を明らかにしましょう。**「当該」**という法令用語については，既に，何度か説明しましたよね。早速，読み解いてみましょう。

「当該譲渡」という字句が出てくる直前に出てくる**「譲渡」**を含む句は何かというと，措置法37条１項の「個人が，昭和45年１月１日から昭和65年12月31日までの間に，その有する資産で次の表の各号の上欄に掲げるもののうち事業の用に供しているものの**譲渡**」になります。したがって，この「譲渡」を修飾する句である「個人が，昭和45年１月１日から昭和65年12月31日までの間に，その有する資産で次の表の各号の上欄に掲げるもののうち事業の用に供しているものの」が，「当該」が示す内容となります（図表５－６）。

【図表５－６】「当該譲渡」の「当該」が指す内容

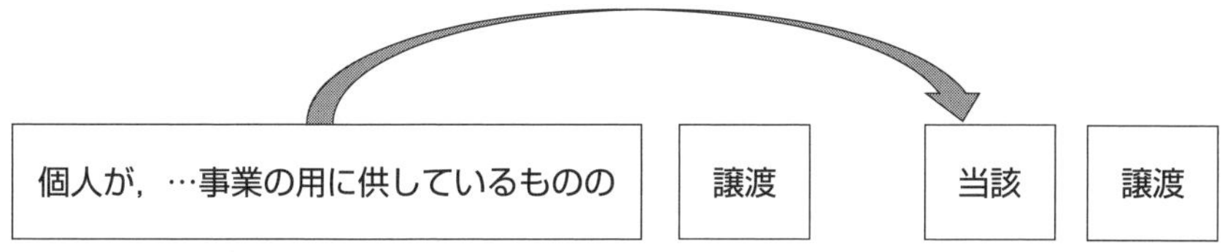

編集者　「当該譲渡」の前にある「譲渡」を探して，その修飾している内容を特定するわけですね。

はい，そうです。

次に「当該各号」の「当該」ですが，「当該譲渡」と同様に，直前にある「各号」を含む規定に着目すると，「次の表の各号」があります。したがって，「当該各号」というのは「次の表の各号」という意味になります（図表５－７）。

【図表5－7】「当該各号」の「当該」が指す内容

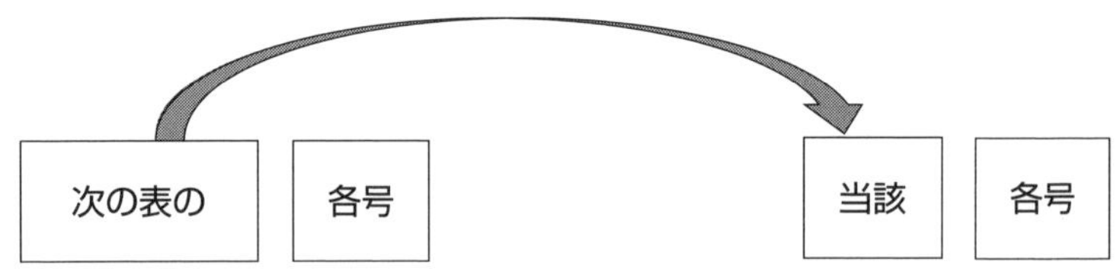

編集者　はいはい，そうなりますね。

以上で検討したように，「当該」という用語を具体的な内容に置き換えると，「買換資産」という文言の定義は，以下の内容になります。

「個人が，昭和45年1月1日から昭和65年12月31日までの間に，その有する資産で次の表の各号の上欄に掲げるもののうち事業の用に供しているものの譲渡の日の属する年の12月31日までに，次の表の各号の下欄に掲げる資産」

そして，本件の場合，本件土地1の所有期間は10年以下なので，14号には該当しません。もちろん，他の号にも該当しません。そうすると，本件土地1の譲渡は，表の各号の上欄に掲げる「譲渡」に該当しないことになります。その結果，本件建物も，表の各号の下欄に掲げる「資産」に該当せず，よって，本件建物は「買換資産」に該当しないということになります。

編集者　確かにそうですね。そうすると，本件建物は，「買換資産」に該当しないということになりますよね。

はい，すべての課税要件を満たさないと措置法37条の3第1項は適用にならないので，本件建物が「買換資産」に該当しなければ，同項は適用できません。しかし，次にみるように，裁判所は，「第37条第1項の規定の適用を受けた者」を，不当に拡大解釈した上で，これを梃子に「買換資産」を拡大解釈して，所有期間が10年に満たない本件建物も「買換資産」に該当すると判断しています。

編集者　えっ，定義とちがう解釈もできるのですか？

真っ当な疑問です！　その点も含めて，「買換資産」に関する裁判所の判断を見ていきましょう。

⑵　「買換資産」の解釈に対する裁判所の判断の問題点

以下の引用部分が，「買換資産」に関する裁判所の判断になります。

> 「しかしながら，租税特別措置法37条の３第１項柱書きは，『第37条第１項（括弧内略）の規定の適用を受けた者（括弧内略）』との文言に続けて，そ『の買換資産』と定めているから，**これが『第37条第１項（括弧内略）の規定の適用を受けた者（括弧内略）』を受けた規定であることは，その文理等に照らして明らかであるし**，『第37条第１項（括弧内略）の規定の適用を受けた者（括弧内略）』に該当する本件父が買換資産として取得した本件資産が，そ『の買換資産』に該当するとしても，その規定の文言をみだりに離れて解釈したことにはならないものと解される。」（下線強調は筆者）

つまり，裁判所は，「第37条第１項の規定の適用を受けた者」を，措置法37条１項の要件を満たしていなくとも，確定申告書に適用する旨を記載して課税標準等を記載した者であると拡大解釈し，その解釈が正しいことを前提として，「買換資産」は，「第37条第１項の規定の適用を受けた者」との文言を受けているから，その者が買換資産だと思って申告した資産が「買換資産」になるということを言っているわけです。つまり，「第37条第１項の規定の適用を受けた者」の解釈を**「梃子にして」**解釈しているわけで，「買換資産」の文言自体の検討はしていません（図表５－８）。

【図表５－８】 裁判所の解釈

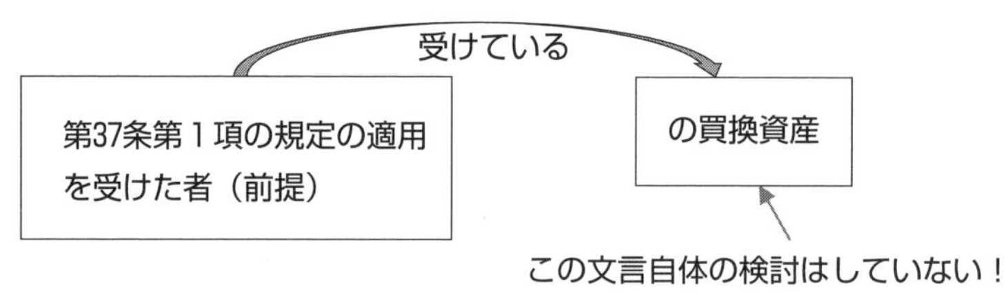

このように，裁判所は，文理解釈をしている「はず」であるにもかかわらず，「買換資産」という文言自体の検討をしていないこと自体が問題ですが，さらに，重大な問題があります。それは，**「買換資産」の解釈は「第37条第１項の規定の適用を受けた者」の文言を受けても変えてはいけない！にもかかわらず，それを変更している点です。**

前述のように，裁判所の解釈は，「第37条第１項の規定の適用を受けた者」という文言の解釈を梃子にして，「買換資産」を「文理解釈」しているわけですが（図表５－８），その理由は，「買換資産」が「前の文言を受けた規定だから」というものでした。

しかし，既にみたように，「買換資産」は，措置法37条１項で定義が規定されていることから，「第37条第１項の規定の適用を受けた者」をいかに解釈したとしても，また，その文言を受けていたとしても，それによって意味は左右されません。

編集者　どうしてですか？

その理由は，「買換資産」の定義は，**「法規的解釈」**に該当するからです。「定義規定」や「法規的解釈」については，既に第１章でみましたが，大分前のことになりますので，ここで簡単におさらいします。

条文解釈には，大別して，「法規的解釈」と「学理的解釈」があります。「定義規定」は「法規的解釈」の１つであり，一方，「文理解釈」や「目的論的解釈」は「学理的解釈」に含まれます（図表５－９）。

【図表５－９】　条文解釈の種類

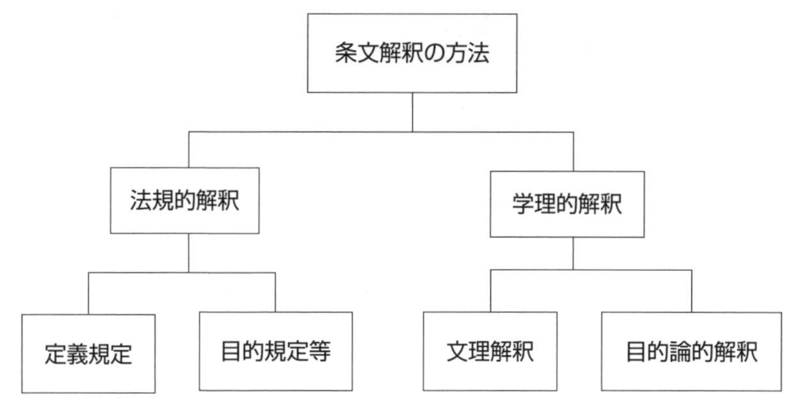

編集者　そうでした！

そして，「法規的解釈」は，裁判所や行政機関等がする「学理的解釈」とは異なり，法令自体が法令の形式で解釈を示しているのですから，「法令そのもの」です。**したがって，仮に，法規的解釈が，文理解釈や目的論的解釈からいって不自然ということであったとしても，この解釈は法令自体なので，裁判所や行政機関もこの解釈に拘束されることになります。**このことは，林修三『法令解釈の常識』（日本評論社・1975年）72頁をはじめ，同様に，条文解釈を説明した書籍で説明されています。

編集者　「買換資産」の定義が措置法37条１項で規定されているわけですから，その定義自体も「法令」というわけですね。

はい。したがって，法令である「買換資産」の定義は，そのまま解釈する必要がありますので，「第37条第１項の規定の適用を受けた者」をいかに解釈したとしても，その解釈を受けて，定義されている内容が変更されることはありませんし，してはいけないのです（図表５－10）。

【図表５－10】「定義規定」の法的効果

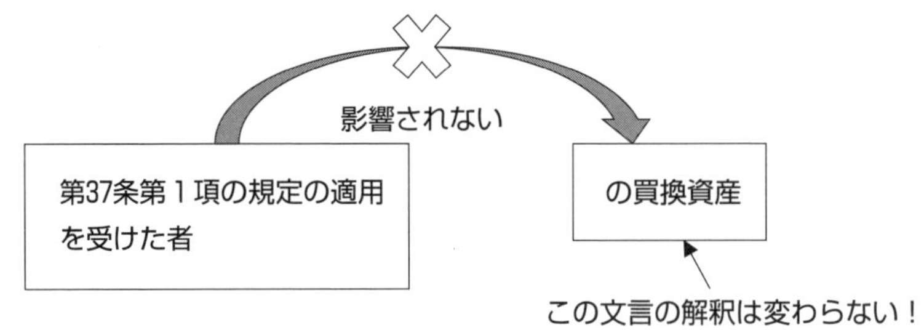

編集者　普通に考えても，解釈によって法規自体を変更するというのは，おかしいですね。

はい。裁判所は法規の解釈はできても，法規自体を変える権限はありません。法令の制定や改正は国会の専権事項ですからね。

一方，「第37条第１項の規定の適用を受けた者」には定義規定はありませんので，学理的解釈によって解釈されることになります。そうすると，裁判所のように，法令中の別の規定の解釈を梃子とするアプローチを採るのであれば，逆に，「買換資産」の解釈を梃子にして，「第37条第１項の規定の適用を受けた者」を解釈すべきです（図表５－11）。

【図表５－11】 あるべき解釈順序

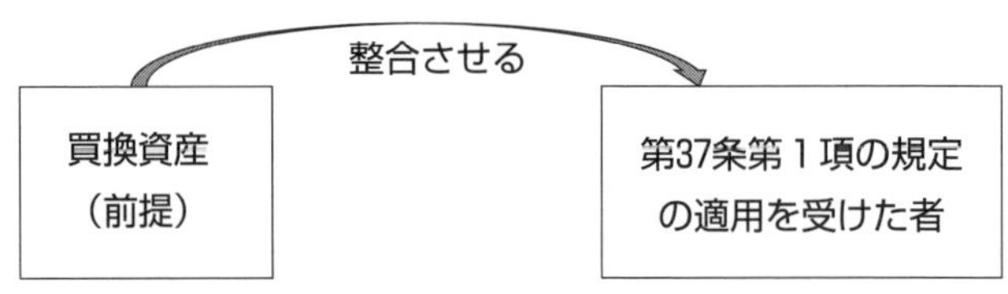

編集者　裁判所の解釈の順番とは逆ということですね。

はい。裁判所は，解釈の優先順位を誤っています。そもそも，裁判所は，「買換資産」に定義があること自体は否定してはいません。規定上明白なので，これ自体は否定できないのでしょう。そうであれば，その定義のまま解釈すべきであることは，わかっていたはずです。さらに，納税者側は，法規的解釈はそのまま解釈すべきであるという法令用語の解説文書を証拠としても提出しているので，知らないはずはありません。

編集者　う～ん。本当に困ったものですね。

百歩譲って，この定義規定を定義どおりに解釈すべきではない理由が示されているのであればまだしも，何の説明もなしにルールを無視するというのは，ひどい話です。

このように，本来であれば，「買換資産」の定義だけで，本件には措置法37条の３第１項が適用されないという結論が導き出されるわけです。しかし，裁判所は，「第37条第１項の規定の適用を受けた者」という文言の解釈を主な争点して取り上げ，その結果，同項が適用されると判断しているので，次に「第37条第１項の規定の適用を受けた者」についても検討してみましょう。

3　納税者側が主張した「第37条第１項の規定の適用を受けた者」の解釈と裁判所の判断の問題点

納税者側は，本件の納税者の父のように，措置法37条１項所定の課税要件を満たしていないような場合は「適用」という法令用語に反するため，「第37条第１項の規定の適用を受けた者」には該当しないとも主張しましたが，裁判所はこれを否定して，課税要件を満たしていなくとも確定申告をすれば「適用を受けた」ことになると判断しました。

そこで，以下では，「第37条第１項の規定の適用を受けた者」を文理解釈した上で，裁判所の判断の問題点を指摘したいと思います。

⑴ 「第37条第１項の規定の適用を受けた者」を文理解釈する

条文解釈に当たっては，「租税法律主義」の観点から，文理解釈からスタートする必要があります。第１章15頁でも少し触れたとおり，近時の最高裁の態度は，文理解釈重視（のはず）ですからね。

文理解釈のやり方については，次のように説明されています。

> 「法令の文字は，元来，無意味に使われているものではなく，法令の立案に当たっては，細心の注意を払って，立案者の意図を正確に表現するのに最も適当な文字を用いて書かれているのであるから，**成文法の解釈においては，まず，忠実にその文字をたどってその法令の意味を明らかにするようにつとめなければならないことはいうまでもない。**」[1]。「**法令上に用いられている文字・用語には，立法技術上１つの約束又は慣例ともいうべき使い方があるから，そういうものについては，その約束または慣例に従って解釈しなければならないということである**。」[2]（下線強調は筆者）

そこで，まずは，対象となる文言の意味を，国語辞典等で明らかにする必要があります。そして，その文言が**「法令用語」**の場合には，独自の意味を有している場合がありますので，法令用語辞典で調べることになります（図表５－12）。

編集者　なるほど。文理解釈する際は，まずは文言の意味を辞典で確認する必要があるということですね。

1　林修三『法令解釈の常識』（日本評論社・2020年）92頁
2　林修三・前掲（注１）96頁

はい。そのとおりです。

【図表5－12】　文言の意味を国語辞典等で確認する

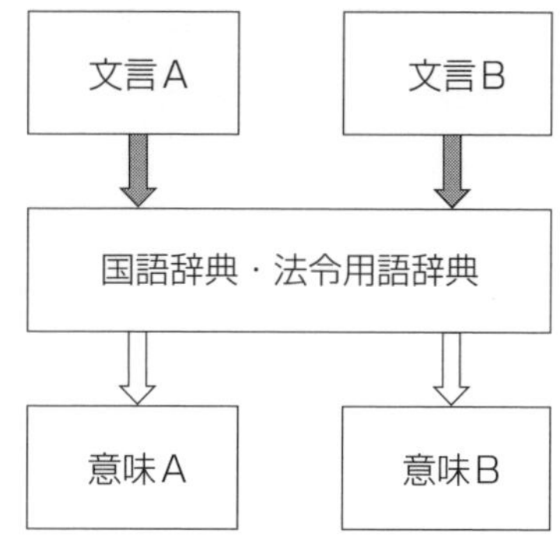

(2)　「適用」という文言は要件を具備しない場合を含まない！

では，「第37条第1項の規定の適用を受けた者」のうち，キーとなる**「適用」**という文言の意味から確認していきましょう。

この「適用」という文言は，日常用語としても使用されますが，法文上で使用される場合には法令用語として使用されていますので，法令用語辞典で意味を確認します。

田島信威『法令の用語（立法技術入門講座〈第4巻〉）』（ぎょうせい・1988年）269頁では，**「適用する」とは，「特定の規定を特定の事項や事件などに対して，そのままあてはめて働かせることをいう。」**[3]，と説明されています。また，林修三『法令用語の常識』（日本評論社・1975年）25頁でも，**「Aという法令を，本来その法令が規制の対象としているaという事項，事件等に対してあてはめ，働かせることをあらわす」**と説明されています。

3　田島信威『法令の用語（立法技術入門講座〈第4巻〉）』（ぎょうせい・1988年）269頁

編集者　つまり，法令に規定されている事項等と問題となっている実際の事案と比べて，両者がマッチしている場合ということですよね。

はいそうです。もう少し具体的に言えば，規定Ａというのがあったとして，そのＡに規定されている要件が具体的な事案における事実関係にマッチしていれば，それを当てはめて，規定Ａで規定されている法的効果を生じさせること，ということになります（図表５－13）。

【図表５－13】「適用」の意味内容

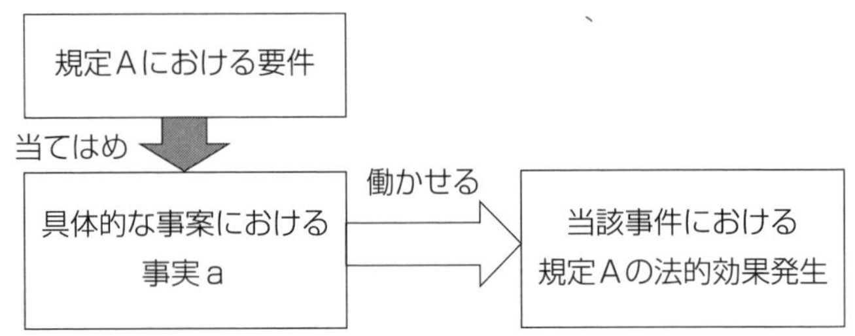

このことは，同じく法令用語である**「準用」**の意味と比較してみるとよりわかります。「準用」とは，本来はａという事項等について規定しているＡという法令の規定を，多少ａに類似するけれども本質上これとは異なるｂという事項に，多少読替えを加えつつ当てはめることを言います[4]。つまり，Ａという規定の要件を満たしていないにもかかわらず，Ａの効果を生じさせる場合を言います。しかし，実際には，Ａの規定をそのまま適用することはできないので，読替規定が置かれています（図表５－14）。

例えば，措置法37条４項は，１項の要件である買換資産の取得期間制限や事業への供与の期間制限を満たしていない場合の規定ですが，「適用」の代わりに「準用」が使用されています。「この場合において」以降は，読替規定とな

4　林修三『法令用語の常識』（日本評論社・1975年）25頁

ります。

【図表５－14】「準用」の意味

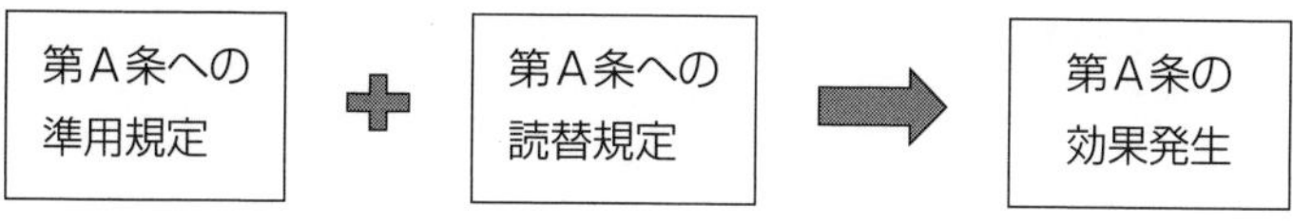

編集者　つまり，規定の要件を満たしていないにもかかわらず，その規定を適用する場合には，「準用」という用語が使用されているということですね。

はい。そして，実際，措置法37条の場合も，「適用」と「準用」が厳密に書き分けられています。そうすると，「第37条第１項の規定の適用を受けた者」という文言が，「準用」ではなく，あえて「適用」という法令用語が使用されている以上，課税要件を満たした場合しか含まれないということになるはずです。

編集者　なるほど。では，「受けた者」という文言が付加されている点はどうでしょうか？　これによって意味が変わりますか？

要件を満たせば当然に効果が生じる場合には「適用」ですが，措置法37条６項で当初申告要件が規定されているので，確定申告において選択する必要があります。これも１つの（手続的な）課税要件ですね。そして，「受けた」とは，確定申告によって選択適用したという意味なので，課税要件を具備した場合しか含まれないという意味に変わりはありません。

編集者　なるほど，条文の文言には，短くともそれぞれ意味があるのですね。

そうです。立案担当者は，短い文章で正確に表現できるよう知恵を絞っています。したがって，同じ法令内で，何の説明もなく，同じ用語を異なった意味に使用したり，余事記載のような規定を置くことは，基本的にないはずです。

(3) 文理解釈に関する裁判所の問題点

では，次に裁判所の解釈を見ていきましょう。

文理解釈をしていると思われる判示の該当箇所を引用して，問題となる箇所を下線強調しておきます。

> 「租税特別措置法37条の３第１項柱書きは，『第37条第１項（括弧内略）の規定の適用を受けた者（括弧内略）』と定めているところ，**一般に，『適用』との文言は，法令の規定を対象となる者，事項，事件等に対してあてはめ，これを働かせることを意味するものである。**そして，同法37条の３第１項柱書きは，当該文言に続けて，それ『を受けた者』と定めており，**それ『を受けることができる者で，その適用を受けたもの』などとは定めていない。**このような文理等に照らすと，自ら同法37条１項の規定を当てはめて同項に規定する要件を満たすとする確定申告書を提出し，これを働かせて同項の規定の適用による課税の繰延べという効果を享受した者は，これに係る修正申告書の提出又は更正処分がされない限り，客観的にみて当該要件を満たしていたか否かにかかわらず，『第37条第１項（括弧内略）の規定の適用を受けた者（括弧内略）』に該当することになると解される。」

では，以下，問題点を指摘していきます。

【問題点１】「適用」の意味を曲解

裁判所の解釈は，措置法37条の３第１項柱書きでは「第37条第１項の規定の適用を受けることができる者で，その適用を受けた者」と規定していないから，適用を受けることができないものも含むということのようです。

編集者　でも，「適用」というのは要件を満たしている場合をいうのでしたよね，「準用」とは違って。

はい，そのとおりです。「適用を受けることができる者」という意味は，当然に，「適用」の意味自体に含まれているので，「適用を受けることができる者で」という限定がなくても，「要件を満たした場合」という意味に変わりはありません。むしろ，このような限定は「余事記載」になるので，通常，規定はなされません。

編集者　立案担当者は余事記載を嫌うということですね。

はい。それのみならず，そもそも，裁判所の論証は，「適用」の意味を，課税要件を満たした場合に限られないという意味としている点に誤りがあります。つまり，論証の「前提事実」を誤っているということです（**図表５－15**）。

具体的に指摘すると，裁判所は，「適用」を，「法令の規定を対象となる者，事項，事件等に対してあてはめ，これを働かせることを意味する」としていますが，この定義を先に説明した法令用語辞典による定義，つまり，「特定の規定を特定の事項や事件などに対して，そのままあてはめて働かせることをいう。」という定義と比べてみましょう。

編集者　似ていますけど…「そのまま」というのが裁判所の定義にはないですね。

はい，そうです！　裁判所の定義では，**「そのまま」**が抜けています。

つまり，裁判所は，「そのまま」でなくても「あてはめた」場合には，「適用」になる，つまり，要件を満たしていなくとも，「適用」の意味に含まれると言いたいわけです。

【図表5－15】 裁判所の論証は「前提事実」自体を誤っている！

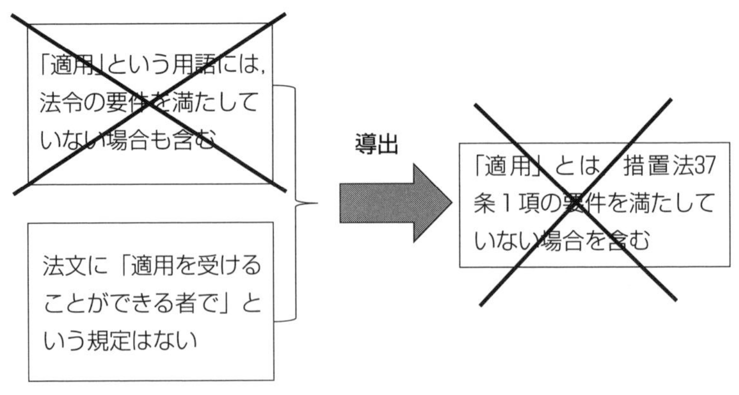

編集者　つまり，法令用語辞典による「適用」の定義とは違う意味を前提としているということですか？

はい，そのとおりです。裁判所には，法令用語の意味を作る権限はないのですが，やってしまったわけです。私も，この箇所を読んだときは，驚いてあごが外れそうになりました。そもそも，「あてはめる」という言葉自体が，「適合させる」という意味を持つわけですから，この定義自体が矛盾しています。

編集者　確かに，裁判所には法令用語を変える権限はなさそうですよね。それができたら，立案担当者の意図にかかわらず，好きなように解釈できることになりますからね。

はい。裁判所の解釈が取り得ない文理上の理由は，まだあります。

措置法37条の3第1項は，37条3項及び4項による準用の場合には，わざわざ，「同条第3項及び第4項において準用する場合を含む。」と明文で規定しています。おそらく，立案担当者は，「準用」の場合は「適用」とは異なるため，明文で含む旨をおいておかないと，解釈上，疑義を生じることになると考えたのではないかと思います。そうであれば，準用にもならないような場合を「適用を受けた者」に含める意図であれば，なおさら明文で規定されるはずです。例えば，「当初の確定申告において，誤って第37条第１項の特例を受けた場合を含む。」とか。しかし，実際には，このような明文規定がないということ自体，課税要件を満たさない場合は含まれないことの証左です。

編集者　つまり，他の規定に照らすと，法文は，措置法37条の３第１項の「適用」という文言を，厳密に法令用語の定義のまま使用しているはず，ということですね。

はい，そのとおりです。

【問題点２】裁判所の解釈に従った場合には二重課税の弊害が生じる

次の問題点に移りましょう。

措置法37条の３第１項をみると，「第37条第１項の規定の適用を受けた者」の後に，括弧書きで，「前条第１項若しくは第２項の規定による修正申告書を提出し，又は同条第３項の規定による更正を受けたため，第37条第１項の規定による特例を認められないこととなった者を除く。」という規定が挿入されていますね。

仮に，裁判所の言うように，「第37条第１項の規定の適用を受けた者」という文言に同項所定の課税要件を満たしていない場合を含むとした場合，確定申告時に誤って措置法37条１項に基づく税額等を計算し，その後本件とは異なり，更正等がなされた場合に，措置法37条の３の適用関係は，どうなりますか？

編集者　括弧書きの規定は措置法37条の２に基づく更正等の場合だけなので，それ以外の場合は含まれませんよね。そうすると，この場合は除外の対象にならないことになりそうです。

はい，そのとおりです。事後に，更正処分等によって措置法37条１項の特例が否定された場合は除外規定には含まれないので，「第37条第１項の規定の適用を受けた者」からは除外されないことになります。とすると，所得税法33条に基づき譲渡資産に対する課税がなされた上で，措置法37条の３第１項に基づき取得資産の取得価額が減額されることによって二重課税となってしまいます（図表５－16）。

つまり，裁判所の解釈を前提とすると，**二重課税という弊害が生じる**ことになるので，このような解釈は採り得ません。

【図表５－16】　裁判所の解釈を前提とした場合の帰結

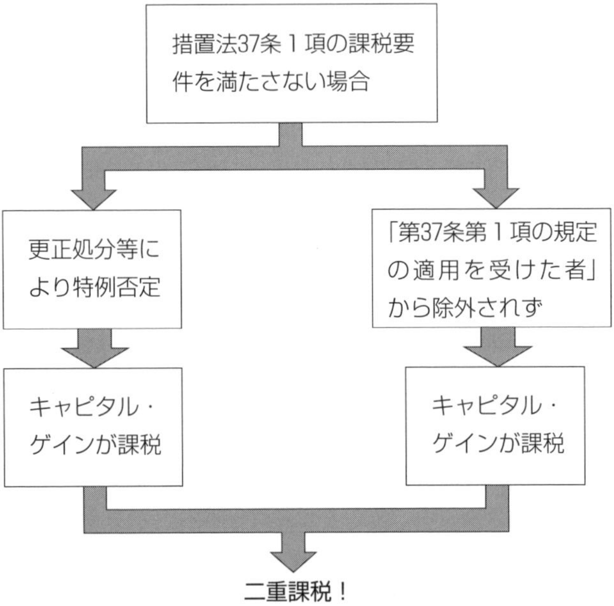

措置法37条１項の課税要件を満たさない場合

更正処分等により特例否定

キャピタル・ゲインが課税

「第37条第１項の規定の適用を受けた者」から除外されず

キャピタル・ゲインが課税

二重課税！

編集者　**なるほど。この二重課税について，裁判所は何と説明しているのでしょうか？**

はい，このような場合には，課税の繰延べという効果を享受していないので，「第37条第１項の規定の適用を受けた者」には該当しないので，二重課税の問題は生じないとしています。いきなり，文理解釈から逸脱したざっくりとした話になっています。

編集者　裁判所は，「第37条第１項の規定の適用を受けた者」を「課税の繰延べという効果を享受した者」と同義としてとらえているということのようですね。

そのようにも読めますね。裁判所の論証は，全体として，**「課税の繰延べという効果」**をマジックワードとしています。

しかし，後の裁判所の目的論的解釈の問題点のところで詳しく説明しますが，そもそも，措置法37条１項の課税要件を満たさない場合には，「課税の繰延べという効果」は享受できません。「課税の繰延べという効果」は，措置法37条１項の課税要件を満たした場合の法的効果なので，当然です。課税要件を満たしていない場合は，単に，納税者が誤った税額を算出したために，なすべき納税をしていないというだけであって，法律的に付与された「課税の繰延べという効果」ではありません。したがって，この点だけをとっても，裁判所の反論は成立しません。

編集者　なるほど，確かにそうですね。

はい。また，仮に，裁判所がいうように，「第37条第１項の規定の適用を受けた者」には，更正等によって「課税の繰延べという効果」と称する効果を享受しなかった場合を除くとすると，別の不整合が出てきます。

というのも，措置法37条の２に基づき更正等をした場合も「課税の繰延べの効果」を享受しなかった場合ということになりますので，「第37条第１項の規定の適用を受けた者」には含まれないこととなります。しかし，実際には，

「前条第１項若しくは第２項の規定による修正申告を提出し，又は同条第３項の規定による更正を受けたため，第37条第１項の規定による特例を認められないこととなった者を除く。」という除外規定が明文で設けられています。そうすると，この規定は**「余事記載」**ということになりますが，先に説明したとおり，「準用」「適用」を厳密に使い分けている立案担当者が，こんな余事記載をするとは考えられません。

編集者　なるほど。裁判所の解釈によるといろんな箇所で不整合な点が出てくるということですね。

はい，そのとおりです！　どの点から検証しても，「第37条第１項の規定の適用を受けた者」には課税要件を満たさない場合は含まれない，と解する方が整合的です。

以上が裁判所の文理解釈上の問題点ですが，裁判所は，措置法37条の３第１項を適用しないと，措置法37条１項の趣旨に反する旨の目的論的解釈を主な根拠としているようですので，以下，じっくりと検証したいと思います。

4　裁判所の解釈は措置法37条の３の制度趣旨からも導かれない

(1)　そもそも措置法37条１項の課税要件を満たさない場合に「課税の繰延べの効果」は生じない

まず，目的論的解釈をしている箇所を引用します。重要な箇所には，下線強調をつけておきます。

> 「また，自ら租税特別措置法37条１項の規定を当てはめて同項に規定する要件を満たすとする確定申告書を提出し，これを働かせて同項の規定の適用による課税の繰延べという効果を享受した者は，これに係る修正申告書の提出又は更正処分がされない限り，当該確定申告書の提出時から客観的にみて当該要件を満たしていなかったとしても，その効果を享受してい

ることになるところ，**それにもかかわらず，以上で述べた解釈とは異なり，同法37条の３第１項柱書きに規定する『第37条第１項（括弧内略）の規定の適用を受けた者（括弧内略）』には該当せず，同法37条の３第１項の規定が適用されないことになると解すると，上記アで述べた同項の規定の趣旨，すなわち繰り延べられたキャピタル・ゲインに対する課税を実現しようとする趣旨に反する結果となるから**，この点でも，以上で述べた解釈が採用されるべきものといえる。」

編集者　つまり，本件のような場合も，譲渡時のキャピタル・ゲインに対する課税がなされていないので，「課税の繰延べという効果」を得ていて，措置法37条の３の「繰り延べられたキャピタル・ゲインに対する課税を実現しようとする趣旨」からいって課税されるべきということのようですね。

はい。しかし，先に言及したとおり，措置法37条１項の課税要件を満たさない場合には，「課税の繰延べという効果」などは生じません。しかし，裁判所は生じると言っているので，この点に関して論証している部分を引用します。

「自ら租税特別措置法37条１項の規定を当てはめて同項に規定する要件を満たすとする確定申告を提出し，これを働かせて同項の規定の適用による課税の繰延べの効果を享受した者は，これに係る修正申告書の提出又は更正処分がなされない限り，当該確定申告書の提出時から客観的にみて当該要件を満たしていなかったとしても，その効果を享受していることになる」

編集者　納税者が確定申告に適用を記載したような場合には，客観的要件を満たしていない場合であっても，「課税の繰延べの効果」を享受したということのようですね。

はい。しかし，この説明は，そもそも**「トートロジー」（同語反覆）**であって，何の論証にもなっていません。以下，この論証がトートロジーであることを説明します。

この論証のうち，「これに係る修正申告書の提出又は更正処分がなされない限り」の部分は除外事由ですので，原則部分は，「自ら…課税の繰延べの効果を享受した者」は，「当該確定申告書の提出時から客観的にみて当該要件を満たしていなかったとしても，その効果を享受していることになる」ということになります。

さらに，この論証の核心部分だけを取り出すと，「課税の繰延べの効果を享受した者」は，「その効果を享受していることになる」ということになり，前提部分と結論部分は同じことを言っているにすぎません（図表5－17）。つまり，トートロジーです。

【図表5－17】 裁判所の論証はトートロジー

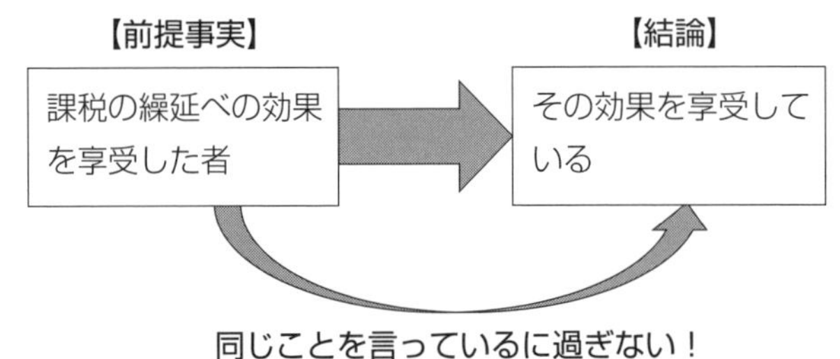

編集者　こうやって整理してみると，確かにトートロジーですね。長い文章のまま読んでいると気が付きませんでしたが。

一般に，判決文はダラダラと長文で書かれているので，ごまかされてしまいがちですね。よくわからないと思ったときは，余分な箇所をそぎ落として，論証の骨子部分だけを取り出してみてください。

⑵　裁判所のいう「課税の繰延べという効果」とは実際には「更正の除斥期間徒過による効果」である

トートロジーであることをおいたとしても，まだおかしな点があります。裁判所が，客観的にみて措置法37条１項所定の要件を満たしていなくとも「課税の繰延べという効果」を享受したと称しているその「効果」は，実際には，更正の除斥期間が徒過したため，遡及して課税できなくなったという「効果」です。措置法37条１項の要件を満たしていない場合に，同項の法的効果である「課税の繰延べ」が享受できるはずもないわけですから。仮に享受できるとすると，要件を満たしていなくても確定申告をしていたら更正できなくなるということになります。

編集者　確かに，おかしいですね。課税要件を満たしていない場合は，絶対更正されてしまいますよね。

はい，調査官が気付いた場合には，絶対更正されます。要件を欠く場合には，国税通則法24条の更正要件に該当しますので。

ですから，要件を満たしていないにもかかわらず「課税の繰延べという効果」を享受していると裁判所が称しているものは，実際には「課税の繰延べという効果」ではなく，更正の除斥期間が徒過したことによって更正ができなくなったことの効果なわけです（図表５－18）。ここでは，**真の「課税の繰延べという効果」**と区別するために，更正の除斥期間を徒過した場合の効果のことを，**「更正の除斥期間徒過による効果」**と呼ぶことにします。

【図表5－18】 裁判所のいう「課税の繰延べという効果」の正体

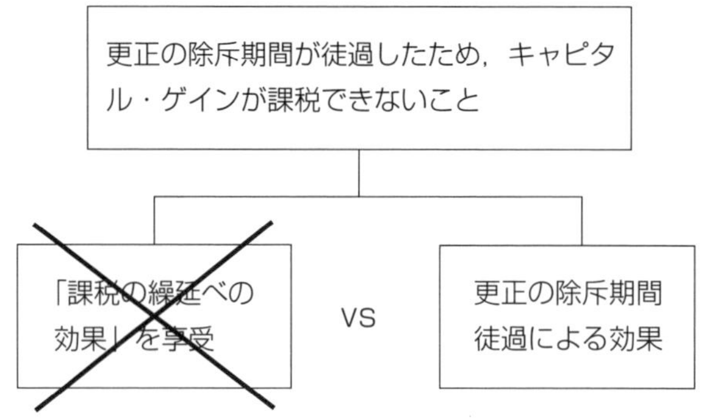

以上を前提に，裁判所のトートロジーの論証を善解してまともな論証にすると，「更正の除斥期間徒過による効果」であっても，キャピタル・ゲインが課税されていないという点では同じなので，真の「課税の繰延べという効果」を享受している場合と同様に課税されるべきである，ということになります。

⑶ 「更正の除斥期間徒過による効果」であっても課税すべきとの解釈は国税通則法72条に反する

では，ここで質問です。「更正の除斥期間徒過による効果」によってキャピタル・ゲインが課税されないこととなったわけですが，そのキャピタル・ゲインを課税することが租税法上の規定に反する場合，課税すべきという解釈を採ることはできるでしょうか？

編集者　う～ん，法令の規定に明らかに反する場合には，そういう解釈はできない気がします。

はい，そのとおりです。**一般に，目的論的解釈をするに当たっては，法秩序全体の調和を考えなければいけないとされています**。したがって，他の法令の規定に明らかに反するような解釈はできないことになります。同じ国税に関する租税法の規定に反する場合は，なおさらです。よって，措置法37条の３の解釈に当たっても，その他の租税法の規定に反するような解釈は採り得ないことになります（図表５－19）。

【図表５－19】　租税法の規定に反するような解釈は採り得ない

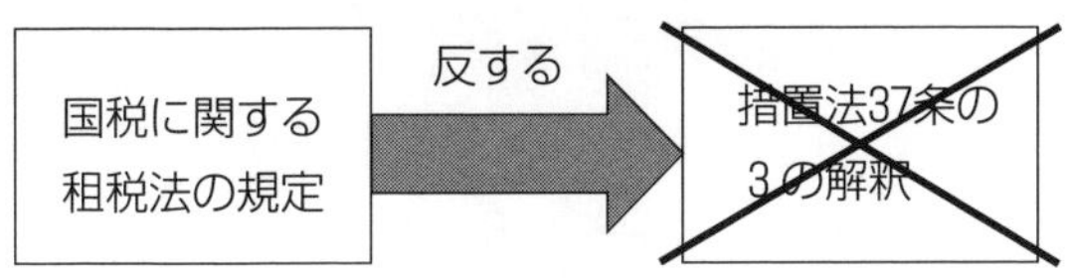

そこで，更正の除斥期間が徒過した場合に，更正によって課税できなくなったキャピタル・ゲインを課税することが租税法上の規定に反するか否かが問題となるわけですが，更正の除斥期間が徒過した場合には，同時に，国税通則法72条に基づき，国税の徴収権の時効が完成することがこの問題に対する解決の糸口となります。

つまり，国税の徴収権の時効が完成すると，租税債務が消滅することになります。**とすると，「更正の除斥期間徒過による効果」によってキャピタル・ゲインが課税されない場合には，そのキャピタル・ゲインに対する租税債務は時効消滅することになるわけです。そして，一旦，法令の規定により消滅した債務を復活させるような解釈は，そのような明文の規定がない以上，国税通則法72条に反することになるので，取り得ません。**

編集者　「租税債務」とか「国税の徴収権の時効」という言葉は聞きなれないので，ピンときません。

通常の実務ではあまり意識することがないので，なじみが薄い概念だと思いますが，本件の解釈に当たって，キーとなるコンセプトなので，以下，順を追って説明していきます。

⑷ 租税債務の発生・確定・消滅のメカニズムを知る

まず，**「国税の徴収権」**というのは，国等が成立した租税債務について履行を請求し，納付すべき税額を受領する権利を言います。つまり，**「租税債務」**と内容的には同じです。そこで，次に「租税債務」について説明します。

「租税債務」とは，納税者の立場から見た際の「納税義務」と同じものです。租税法律関係の中心は，国家と納税義務者との債権・債務関係ですが，これを納税者からみた場合には「租税債務」と呼び，国側から見た場合には「租税債権」と呼びます。そして，この「租税債務」の成立や消滅については，法人税法や所得税法等の租税実体法で定められています。本件で問題となっている租税特別措置法も租税実体法の１つになります。

編集者　ふーん。租税も債権債務関係として考えられているということですね。

はい。民主主義国家においては，国家と納税者の関係は，「債権債務関係」であると考えられています。当然，現在の日本においても，その関係は成り立ちます。江戸時代のような「権力関係」ではないということです。

編集者　なるほど。でも実際は，課税庁側の力が強いので，権力関係的なイメージがありますね。

そういう現状自体が問題ですよね。実務上，課税庁側は，法的根拠を欠く通達の規定や「課税されるべき」という価値判断に基づいて判断していて，税法の規定を解釈適用して判断するということを行っていないことが原因だと思います。

それで，ここでは，そういう現状を打破すべく，税法の規定を解釈適用する力をつけて，課税庁側の主張に対して明確に反論できるよう，あれこれ理屈っぽく説明しているわけです。

編集者　まずは，納税者側から現状の在り方を変革していくべきということですね。

はい，そのとおりです。

では，「租税債務」に話を戻しましょう。

租税債務は，時系列順に，**「発生」**，**「確定」**，**「消滅」**という状態があります（図表５－20）。

【図表５－20】　租税債務の発生・確定・消滅

まず，租税債務の**「発生」と「確定」**について国税通則法が規定又は前提としている考え方を確認しましょう。

租税債務は，租税実体法の各規定に定める課税要件が充足すると，抽象的に発生します（図表５－21）。

【図表５－21】　抽象的租税債務が発生するメカニズム

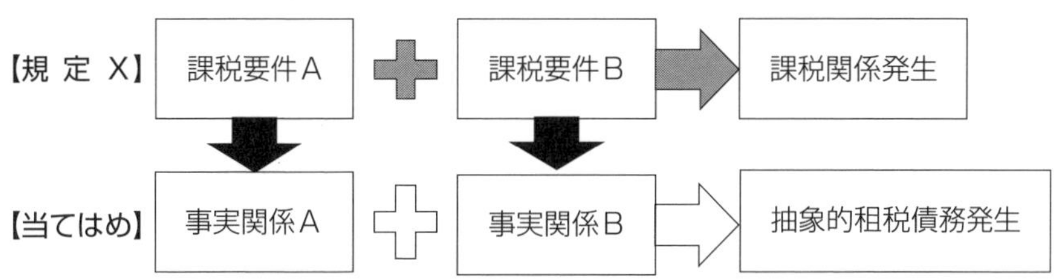

編集者　「抽象的」に発生とは，どういう意味ですか？

申告納税の場合，確定申告や更正等の「確定」手続が取られることによって「具体的な租税債務」となりますが，その手続が取られるまでは「抽象的な債務」にとどまります。

この抽象的租税債務の発生と確定手続による具体化の関係については，少し長いですが，『国税通則法精解』（大蔵財務協会・2019年）254頁で説明されているので，この部分を引用しておきます。

> 「租税債権債務は，**もともと各税法の規定によって当然に発生するもの**であるが，その内容は，まず課税要件たる事実を把握し，次いでこれに関係法令の規定をあてはめて課税標準及び税額の計算を行うことによりはじめて判明するわけであり，しかも右の作業は通常相当複雑かつ難解であることその他租税債権債務の特殊性を勘案すると，その発生後直ちに履行の段階に移行しうる建前とすることは適当でないので，**納税者又は税務官庁においてこれを具体的に確定するための特定の確認手続をとることとし，この手続をとることにより，はじめて抽象的な債権債務が具体化され，履行過程に進みうる建前**が取られているのである。」（下線強調は筆者）

この説明を要約すると，租税法の規定によって抽象的租税債務が発生し，確定手続を経ることによって具体的租税債務になり，納税等がなされるということになります（図表５－22）。ちなみに，納税者側の確定手続は，「確定申告」と「修正申告」で，課税庁側の確定手続は「更正」と「決定」です。

【図表５－22】　抽象的租税債務とその確定

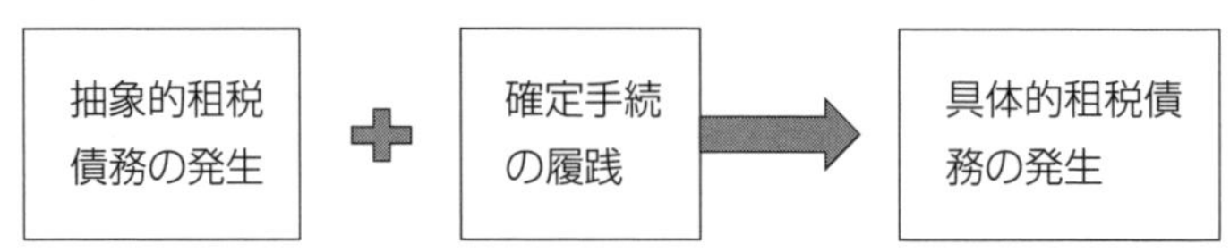

編集者　**そうなのですか。確定申告や更正等によって租税債務が発生するのかと思っていました。**

いいえ，確定申告等は，あくまで，法令の規定に基づいて抽象的租税債務が発生した上での**「確定」**手続なので，これらの手続によって租税債務は発生しません。ですから，先ほど来，何度も指摘しているように，確定申告で措置法37条１項を誤って適用したとしても，課税要件を満たしていない以上，その法令の効果である「課税の繰延べという効果」を享受することはありません。原則どおり，所得税法33条に基づく抽象的租税債務が発生します。

編集者　そうすると，本事案では，所得税法33条に基づく譲渡所得は確定申告書に記載がないので，キャピタル・ゲインに対する抽象的租税債務は，確定手続から漏れたということですか？

はい，そのとおりです。記載がなかったという事実を法的に言い換えると，その抽象的租税債務は「確定」されていない状態にあるということになります。つまり，**「発生」**したものの**「確定」**していないので，**「抽象的租税債務」**のままの状態ということです。

⑸　本事案におけるキャピタル・ゲインに対する抽象的租税債務は時効消滅している

では，質問です。本事案において，昭和62年度の確定申告は誤っていたわけですが，その後，更正がなされないまま除斥期間が徒過してしまったことで，キャピタル・ゲインに対する抽象的租税債務はどうなったと思いますか？

編集者　更正や修正申告も「確定手続」でしたよね。ということは，確定手続がなされていないままなので，この抽象的租税債務はそのまま存続するということではないでしょうか？

いえ，この抽象的租税債務は存続しません。国税の徴収権の時効完成によって消滅することになります（**図表５－23**）。これが，冒頭に述べた結論です。

【図表５－23】 各時点における租税債務の帰趨（発生・確定せず・消滅）

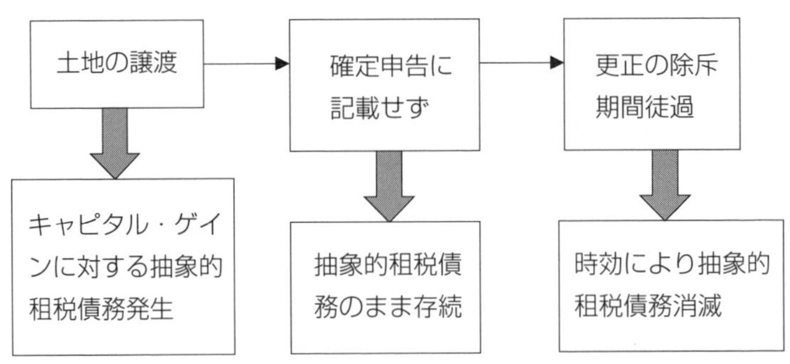

編集者　「国税の徴収権の時効」ですか？　国税の徴収権は租税債務と内容的に同じということでしたよね。ということは，租税債務の時効ということですよね。

はい。この点について，まずは前掲の『国税通則法精解』256頁の説明を紹介します。

> 「もともと抽象的納税義務が成立すると，その内容が適正に具体化されてあますところなく履行されるということが期待されるわけであり，各税法の規定も，確定のため特別の手続を要しない国税を除き，この目的を完全に実現するための各種の手段を定めているのであるが，その手段が十全に活用されず，その内容の全部又は一部が具体化されないまま更正等に係る除斥期間（法70条，71条参照）を経過すると，国の側からこれを具体化する機会がなくなり，更に，国税の徴収権の消滅時効の完成などにより，**具体化されなかった部分の納税義務そのものも消滅してしまうのである**。」（下線強調は筆者）

つまり，更正の除斥期間が徒過すれば，同時に，国税の徴収権の消滅時効によって，抽象的租税債務は消滅するということを言っています。

編集者　でも，更正の除斥期間と国税の徴収権の時効とは，内容的には違うものですよね。

はい。違うのですが，特別の場合を除き，更正の除斥期間の経過時点と国税の徴収権の時効完成時点は同じになります。

この点について，説明します。

更正の除斥期間は，「法定申告期限」の翌日を起算日としています。

一方，国税の徴収権の時効は，「法定納期限」の翌日を起算日とします。

一見違う日のように見えますが，申告納税方式の国税の場合，「法定納期限」は「法定申告期限」と一致します。所得税の場合，国税通則法2条8号，所得税法120条1項柱書き（第3期），128条がその根拠条文です。したがって，更正の除斥期間が経過した場合には，国税の徴収権の時効も満了することになります（図表5－24）。

【図表5－24】　国税の徴収権の時効と更正の除斥期間との関係

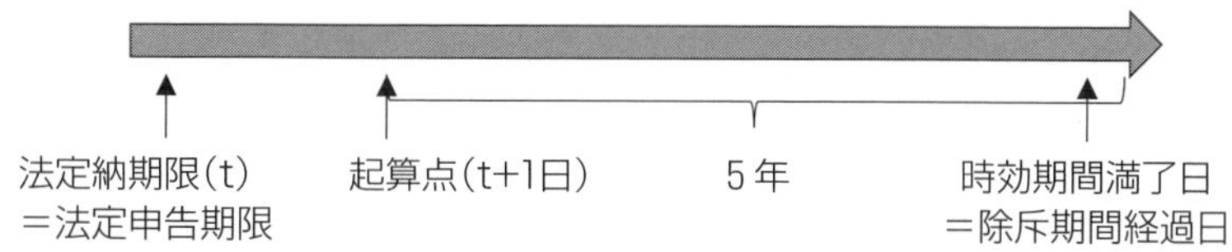

編集者　なるほど。

このように，租税債務は時効で消滅しているにもかかわらず（つまり，課税の根拠を失っているにもかかわらず），別途，措置法37条の3によって課税すべきという解釈は，明確に国税通則法に反することになります。よって，このような解釈は採り得ません。

編集者　そうすると，措置法37条1項が適用される場合には，譲渡によるキャ

ピタル・ゲインは時効消滅しないことになるのですか？

いえいえ。措置法37条１項が適用される場合には，土地の譲渡によるキャピタル・ゲインは発生しないこととみなされます。措置法37条１項で，「当該譲渡に係る資産の譲渡がなかったものとし，…所得税法第33条の規定を適用する。」と規定されています。したがって，キャピタル・ゲインに対する抽象的租税債務自体，発生しません（図表５－25）。

「課税の繰延べ」という言葉が，一旦発生した課税関係が後に繰り延べられるかのような印象を与えていますが，そもそも，譲渡時に課税関係は発生しないというのが，租税法的に正しい理解です。

【図表５－25】 措置法37条１項が適用される場合

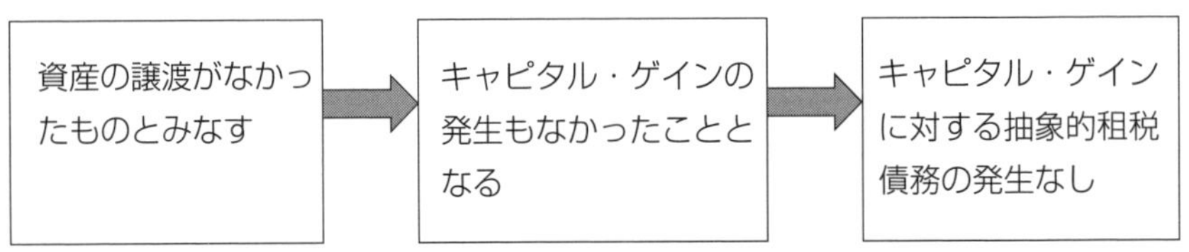

編集者　なるほど，そういうことなのですね。そうすると，そもそも，措置法37条１項が適用される場合と，そうでない場合とでは，租税債務は別の種類のものということになりますね。

はい，そうです。それにもかかわらず，課税庁側や裁判所は，「課税の繰延べ」という言葉を定義することなく曖昧に使用しているので，両者が同じ租税債務であるかのように取り扱っています。おかしな判決は，大体，用語の使用を曖昧にしていることが多いですね。これも，裁判所による「技術」といったところでしょうか。

以上，少し長くなりましたが，「更正の除斥期間徒過による効果」によってキャピタル・ゲインが課税されない場合には，そのキャピタル・ゲインに対する租税債務は時効消滅することになるので，それをさらに課税するような解釈は，国税通則法72条に反することになり，採り得ないということがわかってもらえたと思います。

編集者　裁判所の目的論的解釈は国税通則法72条に反するということに対して，裁判所は何と反論しているのですか？

よくぞ，聞いてくれました！　国税通則法上明らかな帰結をどうやって排斥するのかと思っていたのですが，議論のすり替えをしています。以下，該当部分を引用します。

「本件は，買換資産である本件資産によって生じた平成26年分の譲渡所得を課税対象とするものであって，本件土地1によって生じた昭和62年分の譲渡所得を課税対象とするものではないから，国税の徴収権の消滅時効は問題にはならず，控訴人らの主張は失当である」

つまり，平成26年分の譲渡所得に対する租税債務は時効消滅していないということを言っているのですが，これは「議論のすり替え」にすぎません。そもそも，時効の話に至ったのは，課税庁側及び地裁が，措置法37条の3の解釈に当たって，昭和62年分のキャピタル・ゲインを課税しないと，繰り延べられたキャピタル・ゲインに対する課税を実現しようとする措置法37条1項の趣旨に反すると主張・判示したことに端を発しています。なので，納税者側が，①昭和62年分のキャピタル・ゲインが課税されていないのは，課税の繰延べの効果ではなく，更正の除斥期間が徒過したことの効果である，②昭和62年のキャピタル・ゲインは時効消滅しており，課税することは国税通則法72条に反する結果となる，という反論したわけです（図表5－26）。

つまり，もともと，昭和62年のキャピタル・ゲインに対する課税が議論の対象であったてわけです。

【図表5－26】 国税の徴収権の時効の議論が出てきた経緯

措置法37条の3第1項が適用されないとすると，繰り延べられたキャピタル・ゲインに対する課税を実現しようとする趣旨に反する結果となる。

そもそも，①裁判所等が課税の繰延べの効果と称しているのは，更正の除斥期間が徒過した効果である，②昭和62年のキャピタル・ゲインに対する租税債務は時効によって消滅しており，課税すべきでない。

編集者　確かに，昭和62年のキャピタル・ゲインに関する議論のようですね。

はい。それにもかかわらず平成26年分の譲渡所得が時効消滅していないと判断しているので，完全に議論のすり替えです。つまり，実質的な説明にはなっていないということです。裁判所は，課税庁を勝たせる結論ありきで，まともに反論できない事項には，議論のすり替えや，ひどいときには主張を無視する場合もあります。

編集者　ヒドイですね。

5　まとめ

以上より，裁判所の解釈は，文理解釈でも目的論的解釈でも導けないことがわかってもらえたと思います。

結局，本事案は，裁判所では否定されてしまいましたが，条文解釈ルールや国税通則法の規定に照らせば，納税者側の主張は正しいものと確信しています。

読者の皆様には，本事案の条文解釈のアプローチを参考にして，妥当な主張を展開していただけると嬉しいです。

おわりに

いかがでしたでしょうか？

第１章から第５章まで，いろいろと検討してきましたが，つまるところ，以下の５つのジョブについて説明し，実践してきたことになります。

① **相手方の主張を分析すること**
② **真の争点を見つけること**
③ **条文の読解**
④ **条文の操作**
⑤ **条文の解釈**

この５つのジョブは，税法に限らず，法律問題一般に当てはまるものですから，税務の問題を解決する際に十分にエクササイズすれば，法的リテラシーが身に付くと考えています。せっかく本書をお読みいただいたので，引き続き，ご自身でも税務判例を分析するなどしてエクササイズされることを，お勧めします！

最後に，本書が，読者の皆様のお役に立てば幸いです。

弁護士・公認会計士　**髙橋　貴美子**

【著者紹介】

髙橋　貴美子（たかはし・きみこ）

髙橋貴美子法律事務所　弁護士・公認会計士

公認会計士としてKPMGで外資系企業を中心とする監査業務に従事。その後，会計事務所を自ら運営。弁護士登録後，三井法律事務所にて国内及びクロスボーダーの各種金融取引，M&A，民事再生を含む企業法務全般に従事。2011年8月に髙橋貴美子法律事務所を開設。税務訴訟も複数手掛ける。税務訴訟学会理事

編集者にもわかる
租税法律主義って？

2023年8月10日　第1版第1刷発行

著　者　髙　橋　貴美子
発行者　山　本　継
発行所　㈱中央経済社
発売元　㈱中央経済グループパブリッシング

〒101-0051　東京都千代田区神田神保町1-35
電話　03（3293）3371（編集代表）
03（3293）3381（営業代表）
https://www.chuokeizai.co.jp
印刷／三英グラフィック・アーツ㈱
製本／㈲井上製本所

ISBN978-4-502-46811-7　C3034